大展好書　好書大展
品嘗好書　冠群可期

大展好書　好書大展
品嘗好書　冠群可期

序言

自從寫了《斗數高手—實戰過招》一書出版後，非常感謝各位讀者的建言與批評指教，筆者自當珍惜這份來自各地方讀者的熱情，並且會更加用心與努力地繼續做著耕耘的工作，以便於有心之研習者，可從此得到最實質且正確的資訊，誠摯地感謝大家！

『紫微斗數』這套命學系統，它的源流發展時間，的確是晚了其他命學很多很多，而且內容上也帶有著《果老星宗學》的些微氣味，因此，一路走來，妾身曖昧，似命學，又似星學，且被後世大作文章批評或是考證來源者，不知凡幾。也因為有這些因素所波及，對於後世研習者的習學過程，自然會造成相當程度之影響，故，「易學難精」的傳聞，幾乎快成為事實了。

但實際的情形真是如此嗎？非也！非也！

有基於此因素與考量，本書著作的內容與方向，除了彙集筆者多年來的教學經驗外，更以實際所看到的很多有心研習者，大多數是鎩羽在「星曜性情」上且無功折返的事實，而作為本書撰寫的指標，期望能幫助提供大家有更好的一條路徑，將紫微斗數系統中最不容易揮灑的「星曜性情」問題完全解決。

本書集稿年餘，其間增刪遞補不斷，主要在於希望能將最完美、最精確，當然也是最實用的一面呈現給大家。然而，由於筆者才學有限，其中必有疏漏缺失之處，還盼各位先進同儕不吝指教為是！

二〇〇七、二、十五　筆者　姜威國

敬識於鳳山寓所

目錄

第四章 副 星

第零章　星性總論

之所以會在介紹星曜相關資訊前，特別開闢本章，主要的用意是希望將星曜大分類的知識與概念，先行建立與了解。如此，有了這層的認知與領悟，對於于後諸章節論述之相關星曜的性質與性情，必能收前後貫通、一氣呵成之功效。

當然，這樣對於研習這門命學系統，也就具有了研習的方向與目標了；否則，不但花費了許多的時間與心力，或且金錢上的投資，到最後卻仍無法透徹了解，那實在就是一件非常讓人遺憾之事了。

一、符合《易經》的理論

《易經》的二分法，就是「太極生兩儀」的陰、陽二分法；《易經》的訴求境界，是為「中庸」的理念，「太過」與「太少」都不是《易經》所要求的理想。

大家都知道的，「五術」：即山、醫、命、相、卜的五種術數，儘管其中由於種類的不同，自然也有其各自專業領域的論調，但……精神與理念……都是源自於《易經》，這是不爭的事實。

紫微斗數命學，既是包含在此領域範圍，當然，也就必須要符合這個要件，否則，它也不可能會被列入在「五術」之中。然而說歸說，當然也要實務地來應證一番，如此才不會漠視了大家「知」與「學」的權利。

……摘錄自《新斗數葵花寶典……星曜易理演繹》（益群書店出版）……

斗數易理論

用《易經》的理念來闡微斗數命學，才是真正能發揮斗數所賦予的徵驗訊號。筆者之所以會有如此武斷的結語，主要是根據幾點的原因而推之。其一是五術之各科目均源自於《易經》的理念，其二是斗數之創始者絕非如時下所言，是出自於陳希夷先生，或是孫思邈先生。

茲將上述兩項觀點僅就筆者之角度、意見試敘述如下：

•五術源自於《易經》理念

五術所包含的科目：山、醫、命、相、卜，相信這是眾所週知的常識，由於篇幅過巨，在此僅以斗數一科來作討論概述。儘管如此，各位亦可經由此種意念的演繹，而旁徵博引去衍生其餘科目之理念與意義。

•星曜部份：

斗數中，每一顆星曜都有其自我的風格與特性，而且各自具有其徵驗的訊號，如古籍賦文〈星垣問答論〉、〈星垣形性賦〉中均有介紹與記載。但是，往往卻於實務論斷上，好像都有所欠缺或不足的現象，這個事實相信各位都已有所經驗與心得。到底這個現象的問題是出在哪裡？抑或是古人有所隱瞞或暗藏？

《易經•繫辭傳》：「一陰一陽謂之道」。太極的「負陰抱陽」理念，均是在闡明自然陰陽氣數的中庸和平。

因此，若是要探究明白星曜的性情與特性，就應該要以陰陽正負兩面綜合來論述，如此才真正能了解星曜所具有的徵驗訊號。

例如，以紫微星而言，古籍賦文均論其為帝星，為尊星，有尊貴之帝王氣象，但這僅是表面的表象，也就是《易經》所謂的「陽」的一面，而其另一面「陰」的部分，就不見有所介紹與記載了。

關鍵之處不說出來，再加上後人之穿鑿附會，故導致如時下聞四煞星即變色，有四吉星就欣然的錯誤觀念。

筆者多年來，即針對此一問題著手鑽研與證驗，雖然知道其中尚有許多生澀，或是不成熟的理念，但基於研習與探討的為學態度，以及坦蕩無私的心胸，願將所得公開世人，當然也希望得到各位的回饋與指教。至於相關的內容，待後章節再予以介紹。

※　※　※　※　※

這是筆者於前所發表易經與星曜間相互應用關係的論點，再經過了這段時間的教學經驗與應證心得累積，更是有信心地告訴各位讀者，兩者是相輔相成、缺一不可的事實。因此，若想要深層窺探斗數這門命學的奧秘，《易經》理念的研習與探討，絕對是必須且不可或缺的要素。

二、星曜的太極意象

紫微斗數命學既是承襲了《易經》的理念，那在內容與理論上，自然也就必須遵循這個法則與精神。為了大家習學上的清晰與便捷，筆者特將其彙整介紹如次。

1、星曜的分類：

根據《易經》二分法，斗數星曜也分為兩大類：即南斗星與北斗星。這與《易經》陰、陽二分法相為呼應。另外，《易經》中也有所謂的「不陰不陽」、「是陰又是陽」的中立理論，所以，斗數星曜中亦有所謂「中天星」的類別，如太陽、太陰即是。

2、星曜的屬性：

《易經‧繫辭傳》：「一陰一陽謂之道」。太極中有陰陽，自然萬物中，亦有陰陽之分，這是常理，也是自然的法則。紫微斗數命學中的星曜自是不能例外，所以對於系統架構中的所有星曜，亦均具有陰陽屬性之分，如太陽星屬性為陽，太陰星屬性為陰。

至於其他星曜的陰陽屬性劃分，由於數量龐大，筆者特將其製作成表，以便於各位查察對照。（表格附錄於後）

3、星曜亮度之強弱：

斗數命學中的論斷法則，「星曜亮度的強弱」是其中不可或缺的要素。因此，斗數命學特將星曜亮度依照其強弱，分別以甲級星、乙級星、丙級星、丁級星……等表示之。至於對論斷吉凶的考量，當然就是以星曜力量強弱作為考量的依據，如甲級星力量最強，乙級星次之，丙級星更次之。

另外，還有一種是依據星躔落宮的角度來分辨其亮度之強弱，這是結合了星曜與宮位的相互作用而言。由於內容繁瑣，筆者亦將其彙整製作表格附錄於後，以便於各位參考。（表格附錄於後）

•星曜纏度明暗名詞解說：

廟：星曜入廟最明，得數最強，吉曜極吉，凶曜不凶。

旺：星曜旺地次明，得數次強，吉曜上吉，凶曜不凶。

得地：星曜得地光明，得數適度，吉曜吉，凶曜不凶。

利益：星曜利益尚明，得數漸弱，吉曜下吉，凶曜漸凶。

和平：星曜和平已弱，得數亦弱，吉曜力微，凶曜肆凶。

不得地：星曜不得地，星光已暗，得數最弱，吉曜無力，凶曜愈凶。

落陷：星曜落陷無光，無數可得，吉曜無用，凶曜最凶。

閑：星曜光度平平，得數平平，無吉凶論定。

第一章　紫微星系

紫微星

星名	紫微星
五行	己土（陰土）
斗分	北斗（中天）
化氣	尊
所主	官祿主
人物	伯邑考

一、古賦文彙整

◎紫微所主若何？

紫微屬土，乃中天之尊星、為帝座，主掌造化樞機，人生主宰，仗五行育萬物，以人命為之立定數，安星曜，各根所司處，在數內，常掌爵祿，諸宮降福，能消百惡。須看三台（註一），蓋，紫微守命是中台，前一位是上台，後一位是下台，俱看在廟旺之鄉否？有何吉凶之星守照，如廟旺、化吉，甚妙，陷又化凶，甚凶，吉限不為美，凶陷則凶也。

喜輔、弼為之相佐，天相、昌、曲為之部從，魁、鉞為之傳令，日、月為之分司，祿存為主爵之司，天府為帑藏之主；其威能降七殺，制火、鈴。

入之身命：若值祿存同宮，又得日、月三合相照（註二），貴不可言。無輔、弼同行，則為孤君，雖美亦不足。更與諸煞同宮或會照，則君子在野，小人在位，主人奸詐假善，平生惡積。與囚同居（註三），無左右相佐，定為胥吏；如落疾厄、兄弟、奴僕、相貌四陷宮，主人勞碌，作事無成，雖得相助，亦不為福。更宜詳細宮度，應究星躔論之。

若居命、身、官祿三宮，最要左、右守衛，天相、祿、馬交馳，不落空亡，更坐生旺之鄉，可為貴論。若左、右拱照，亦作貴論。如魁、鉞、三台星會吉星，則三台、八座矣；帝會文昌拱照，再得美限扶持，必文選之職；帝降七殺為權，有吉星同位，則帝相有氣，諸吉咸集，作武官之格。

財帛、田宅：有左、右拱衛，更與太陰、武曲同度、不見惡星，必為財賦之官，更與武曲、祿存同宮身、命中，尤為奇特。男女宮（註四），得祥佐吉星，主生貴子，若獨守，無相佐，則子息孤單矣。妻宮：會吉，男女得貴美，夫婦偕老，亦要無破、殺。遷移：雖是強宮，更要相佐，有吉星照命，則因人之貴。福德：男為陷地，女為廟樂，逢吉則吉，逢凶則凶。

希夷先生曰：紫微為帝座，在諸宮能降福消災，解諸星之惡虐，能制火、鈴為善，能降七殺為權。若得府、相、左、右、昌、曲吉集，無有不貴；不然，亦主鉅富。縱有四殺沖破，亦作中局；若遇破軍在辰、戌、丑、未，主為臣不忠，為子不孝之論。女命逢之，作貴婦斷，加殺沖破，亦作平常，不為下賤。

歌曰：

紫微原屬土，官祿宮主星。有相為有用，無相為孤君。
諸宮皆降福，逢凶福自申。文昌發科甲，文曲受皇恩。
僧道有師號，快樂度春秋。眾星皆拱照，為吏協公平。
女人會帝座，遇吉事貴人。若與桃花會，飄蕩落風塵。
擎羊火鈴聚，鼠竊狗偷群。三方有吉拱，方作貴人評。
若還無輔弼，諸惡共欺凌。帝為無道主，考究要知因。
二限若遇帝，喜氣自然新。

玉蟾先生曰：紫微乃中天星主，為眾星之樞紐，為造化之氣機也。大抵為人命之主宰，掌五行，育萬物，使各有所司。以左輔、右弼為相，以天相、昌、曲為從，以魁、鉞為傳令，以日、月為分司，以祿、馬為掌爵之司，以天府為帑藏之主。身命逢之，不勝其吉。如遇四殺（羊、陀、火、鈴）、劫、空、機、梁沖破，定是僧道。此星在命，為人厚重，面紫色，專作吉斷。

◎紫微入命限吉凶訣：

•紫微入男命吉凶訣：

紫微天中第一星，命身相遇福財與；若逢相佐宮中會，富貴雙全播令名。
紫微守命最為良，二殺逢之壽不長；羊陀風鈴來相會，只好空門李梵王。
紫微辰戌遇破軍，富而不貴有虛名；若逢貪狼在卯酉，為臣失義不相應。
火鈴羊陀來相會，七殺同宮多不貴；欺人孤獨更刑傷，若是空門為吉利。

•紫微入女命吉凶訣：

紫微女命守身宮，天府尊星同到宮；更得吉星同主照，金冠封贈福滔滔。
紫微女命守天宮，三方吉拱便為榮；若逢殺破來沖湊，衣祿盈餘淫巧容。

•紫微入限吉凶訣：

紫微垣內吉星臨，二限相逢福祿興；常人得遇多財富，官貴逢之職位陞。

紫微入限本為祥，只恐三方殺破狼；常庶逢之多不利，官員降謫有警傷。

註一：「三台」：《晉書•天文志》：「三台六星兩兩而居，起文昌，列抵太微；一曰天柱，三公之位也，在人曰三公，在天曰三台，主開德宣符也。西近文昌二星曰上台，為司命，主壽；次二星曰中台，為司中，主宗室；東二星曰下台，為司祿，主兵，所以昭德塞違也。」又曰：「三台為天階，太乙躡以上下。一曰泰階，上階上星為天子，下星為女王，中階上星為卿大夫；下階上星為士，下星為庶人。所以和陰陽，而理萬物也。」。至於本文中所謂的「三台」是指紫微所在宮位，以及其前、後兩宮而言。

註二：紫微與太陽太陰不會有所謂「三合」的現象，故此處應該是指命身不同宮而言，如此方有日月與命，或日月與身三合的現象。

註三：於星曜排列法則中，很清楚地得知「紫微與廉貞」永遠不可能有同宮的機會，因此此處所指的應該是『天刑』。

註四：「男女宮」是為「子女宮」而言，此名稱是沿用『果老星宗學』而來。

二、新解破譯

五行屬己土、陰土，是地底下的泥土，雖代表著尊貴或帝王之星，但需要去開採挖掘，方才能有所成就，故有珠寶、寶石稀有貴重物之隱喻；請注意，它是不能耕種的土。

紫微坐命之人，他的才華能力是特殊的，不具有多方面的，是故，必須得去發覺開採栽培，否則一生也是平庸碌碌而已。

因此，紫微星特別需要加吉星如魁鉞、昌曲、左右，其中又以左右為最，代表土內有多項寶藏；若逢煞星，則呈現不特殊、不貴重之意象，反有半途而廢或從事勞碌性的職業。

若逢空劫，表這塊土內部為空虛，是為一種虛有其表、外強中乾、虛名、虛財之徵象，故隨時都有崩塌之危，尤其是在婚姻或身體健康上，更為顯著。

若逢羊陀，為土生金，會有特殊的才華；若逢火鈴，雖說火生土，但陰土為挖掘、並非提煉，因此沒有什麼作用，如終身學習，但卻沒有一技之專長。

紫微星有孤君之象，故喜逢輔弼（表土地多數），且格局屬最佳；其中又以丑未同宮力量最大，左右相夾力量亦大，再者為與單星同宮；如在財宮，表錢財調度靈活；在官宮，表事業上有人提攜輔佐；在遷宮，表出外有人幫助。

以上均以坐命而言，若紫微不在命宮，則視其所落之宮位則該宮有尊貴，或是從那個宮位可得到尊貴或幫助；如落入子女宮，表示願意栽培子女，且子女日後亦會帶給你尊貴；又如落入僕役宮，亦是上司之位，表所託適合。

紫微星為北斗令主，故有動口不動手之徵象；男命易為大老爺、或是大男人主義，尤其是有加吉星更為顯著；若再逢輔弼，則可成為對外發號施令權。女命則為有氣質之貴夫人。

紫微星為官祿主，故最喜歡入官祿宮，尤其行運走到紫微加吉星，對於升官發財均有幫助。最為重視事業，若從事官職或金融業均有利。

【註】

一、紫微坐命，武曲定在財帛；紫微在官祿，命宮必為武曲。

二、紫微逢輔弼，即使就算再逢煞星，也無損其貴局，不過是辛苦了些兒。

三、紫微不逢輔弼，則僅能在其專技世界中一展所長，但卻無法應付多元化社會複雜層面之能力；有輔弼，則可使其能力、才華擴展且具多重性，更能擁有良好的領導統御能力。

長相：圓臉、體型厚重（屬土之星皆是）、尤其是肚子較寬大，方能成格。

若額頭寬廣，帶官職；若是瘦尖瓜子臉，則較以具有異性緣；若為高大長形且皮膚白者，較屬學者、顧店員；皮膚黑者，較屬業務型。

【註】

膚色深淺相較：

深者：為貴、為武。

淺者：為富、為文。

●紫微落入十二宮論

紫微落入任何的六親宮都很不錯，沒有衝突。此宮位也是我們最喜歡之處，也很注重、珍惜：若有加吉星，亦可從其處得到好處；若逢煞星，也不會有害處或傷害，因為紫微可化解任何煞星的戾氣與銳氣（因為屬土之星），如刑剋。

另外，任何的人宮有煞星入，則需視主星為何，再來判斷其徵象。

入兄弟宮：對兄弟疼惜。

入夫妻宮：加吉星，可因婚而貴；逢煞星則無，宜晚婚。有空劫，可能抱獨身主義；逢四煞，則會隨便挑選對象或是有危機（因事業或財）。

【註】

紫微坐命或夫妻宮若逢空劫，則可能因事業、財、身體健康或長期之分離而造成的危機，若以上所舉事項一旦成立，則可能一輩子抱獨身主義。

入子女宮：因子女兒貴；如果逢煞，則會因觀念不同造成代溝現象。若再有煞忌、四煞入，則子女可能有殘疾、缺殘或不正常之現象，但仍會愛惜。

入財帛宮：屬土的星，其財均屬薪水階級居多。紫微在財，命定坐廉貞；若加吉星，則會有暴發之財；若逢煞星，則為辛苦勞碌之財。

【註】

一、命坐紫微者，一生不缺錢財，利於金融，加吉星更驗。

二、由於紫微入財，則命必坐廉貞，故其錢財需配合命宮來看。所以，可能會以走私、賭或其他方法取之。

三、財的來路則需看命宮而定。

入疾厄：屬土之星一般不會以勞碌工作為主，但若逢煞（火鈴），則可能會因勞碌過度而得職業病。

【註】

紫微屬土，如果要看其精力是否有幹勁，則先是其脾胃是否良好；胃好、脾氣好，則尊貴，否則則否。

入遷移：外出有人緣、有貴人。遷移為面具，有外出都帶著紫微的面具，其它星亦同。外出亦能得長輩之緣。

入僕役：僕役為朋友、人際關係、事業上之上司。紫微入僕，命必坐天同，較有逢迎、拍馬屁之徵象，因為天同（陽水）坐命本性即是如此；若再加吉星，則是為跟對上司之象。

但天同之人，不見得個個是逢迎之人，因天同代表群眾，故有時也會從事服務業（即將群眾視為珠寶而為其服務）。

入官祿：紫微入官，命定坐武府，故會有霸王之顯徵，即有獨當一面之現象，但需有逢輔弼，格局方顯大。

入田宅：紫微入田，則命坐日星，必有所缺憾，若借對宮星辰需減分。而缺憾以命宮為主，以夫妻宮為最大癥結所在（坐天同）。尤以命宮破為驗，其它各宮若有逢煞沖破，則該宮位有問題；女命尤不利於婚姻，男命則較有外遇、包二奶之徵象。另外，田宅亦關係著財務（財之疾）、置產、家等，均有著實質上的關係。

入福德：紫微入福，則命坐破軍，有勞碌之象（殺破狼亦同），因為破軍屬建設與破壞，是故必要以命身福同參，方可定論。

【註】

一、福德主思想，表有先進、打破傳統的觀念，行為是保守的，觀念卻是很先進的，故需要與官、身同參（若身為貪狼、廉府，故需要磨練，方能有所成就）。

二、男命紫入福（理念很好、保守、高貴、善良），若命宮不佳，則為高不成、低不就之象。因為紫入福，不願去做，若再加命宮不佳（沒有責任心），程度不高是也。

三、命宮有煞則是為生活而忙碌，若福德宮有煞則是為被逼的不得不去做。

四、男命紫入福，且又加太多的吉星，均為好的過頭了，所謂物極必反，即成了高不成、低不就或是成了沒有責任心之象；然好的是，脾氣好，沒有脾氣。

入父母：紫微入父母，若福德無主星，代表出身並不好；所以父母或田宅有煞沖破，可能會有同父異母或同母異父之象。

三、相關星曜組合解碼

◎雙星意象解析：

紫破：主觀意識強烈，具叛逆性，情緒不定，喜怒無常。

紫府：個性樂觀進取，始終如一，風度翩翩君子。

紫貪：創造力強，聰明機變，物質慾望濃烈。

紫微七殺	紫微	紫微破軍	紫微天府
紫微天相	紫微		紫微貪狼
紫微貪狼			紫微天相
紫微天府	紫微破軍	紫微	紫微七殺

紫相：建設破壞兼具，表裡差距不一，平衡點的維持。

紫殺：威嚴（紫微化殺為權），正義與邪惡的分野。

四、綜合整理

1.紫府、武曲居財宅，更兼權祿富奢翁。

2.極居卯酉，劫空四煞，多為脫俗之僧。

3.紫微七殺合化權，反作禎祥。

4.紫微破軍，無左右、無吉曜，凶惡胥吏之徒。

5.紫微天府夾命為貴格。

6.紫微貪狼為桃花犯主，若再逢桃花星辰，男女為邪淫、一生桃花不斷；若無桃辰反為佳，主為人爽直、性情堅強、好面子。

7.紫微七殺加空亡，虛名受蔭。

8.君臣慶會，富貴全美。

9.紫微居遷移會吉辰，因人而貴。

10.紫破武曲會羊陀，欺公禍亂。

星名	天機星
五行	乙木（陰土）
斗分	南斗
化氣	善
所主	兄弟主
人物	姜子牙

天機星

一、古賦文彙整

◎天機星所主若何？

天機屬木，乃南斗益壽之善星也。化氣曰「善」，得地合之行事，解諸星之順逆，定數於人命，逢諸吉咸集，則喜萬善事。勤於禮佛，敬於六親，利於林泉，宜為僧道。無惡虐不仁之心，有靈變機謀之志，淵魚察見，作事有方。女命逢之為福地，逢吉為吉，遇凶為凶。或守於身，更逢天機，必有高藝（註一）隨身，習者詳之。

希夷先生曰：天機益壽之星，若守身命，主人異常。與天梁、左、右、昌、曲交會，文為清顯，武為忠良。若居陷地，四殺沖破，是為下局。若見七殺、天梁，當為僧道之清閒。凡入二限逢之興家，創業更改。女人，吉星拱照，主旺夫益子；

有權祿（註二），則為貴婦；落局，羊、陀、火、忌沖破，主下賤、殘疾、刑剋。

歌曰：

天機兄弟主，南斗正曜星。作事有操略，稟性最高明。所為最好尚，亦可作群英。

會吉主享福，入格居翰林。巨門同一位，武職壓邊庭。亦要權逢煞，方可立功名。

天梁星同位，定作道與僧。女人若逢此，性巧必淫奔。天同遇昌曲，聚拱主華榮。

辰戌子午地，入廟有功名。若在寅卯辰，七殺并破軍。血光災不測，羊陀及火鈴。

若與諸煞會，災患有虛驚。武暗廉破會，兩目少光明。二限臨此宿，事必有變更。

玉蟾先生曰：天機，南斗善星，故化氣曰善。佐帝令以行事，解諸凶之逆，節定數於人命之中。若逢吉聚，則為富貴；若逢殺沖，亦必好善。孝義六親，勤於禮佛，無不仁不義之為，有靈通變達之志。女命逢之，多主福壽，其在廟旺，有力；在陷地，無力。

註一：「六藝」者，禮、樂、射、御、書、數是也。「高藝」是指在這範圍內之傑出表現。

註二：「權」是為丙年生人之天機化權，「祿」是為乙年生人之天機化祿。

◎天機入限吉凶訣：

•天機入男吉命吉凶訣：

機月天梁合太陽，常人富足至田庄；官員得遇科權祿，職位高遷面帝王。

天機化忌落閑宮，縱有財宮亦不終；退盡家財兼壽夭，飄逢憎道住山中。

•天機入女吉命吉凶訣：

天機女命吉星扶，作事操持過丈夫；權祿宮中逢守照，榮膺誥命貴如何。

天機星與太陰同，女命逢之必巧容；衣祿豐饒終不美，為娼為妾主淫風。

•天機入限吉凶訣：

男女二限值天機，祿主科權大有為；出入經營多遇貴，發財發福少人知。

天機照限不安寧，家事紛紛外事多；更遇羊陀併巨暗，須知此歲入南柯。

二、新解破譯

天機屬陰木（乙木），為生根類植物，也屬漂蕩之星，兄弟主，化氣曰善，南斗益壽之星。

一般而言，天機坐命之人，較能得父母之疼愛、栽培（因父坐紫），父母尊貴也會帶給他尊貴。

因此，天機坐命之人，必得先看父母宮之好壞，方來決定其日後的成敗好壞。若行運逢天機，會有突發善念現象（因天機化善）。天機為宗教星辰，故錢財會捐給宗教；又為智慧之星，益算之星，因此他們都很鐵齒，但也很膽小且怕鬼，因為除非他們計算得到，否則他們都怕，而鬼神或黑暗卻是他們無從算起，因此才會付與宗教求保護、保佑，故有言：十個天機九個怕鬼。

天機身材特徵：廟旺者，身材肥胖；陷地，瘦長。至於特徵為下巴尖銳，而愈尖者，命愈長。

入兄弟：為兄弟主。有兄弟緣份（紫微坐命），代表能得親密兄弟（或結拜兄弟）朋友之助力，也可能兄弟不多，也會有繼承家產之現象。

入夫妻：有晚婚現象（命坐亦同）。且年齡差距大，配偶年紀小很多，喜歡幼齒。加吉星，精神愉快；逢煞，精神多折磨。

天機又主手腳，故有動手動腳打架之現象。又為益算之星，也經常在計算其配偶（命坐天機亦同），加吉、算好的；逢煞、算壞的。

又為動星，入夫妻宮，於婚姻上會呈顯動之現象。故，於婚前較有多重選擇，若加吉，婚後安定；逢煞，婚後相當地不滿意。

入子女：天機為孝順之星，且對上而不是對下，所以子女會孝順父母；另外對長輩、長官、上司均很恭敬、勤快。

【註】

一般而言，會生何種子女，大都展現於子女的三方四正，或子女宮之主星。若是居人宮，它坐何星，則必與何星有機緣。若逢煞，則表子女會有智慧或行動上的問題；逢吉星，則表子女聰明但好動。（天梁星對上對下表現，于後再闡述）

入財帛：天機不為財星，故無法增加錢財。但它為益算之星，所以很會算錢，故是屬於處理財之算，或是以智慧、技術之進財方式。因此若從事會計、統算師等職業非常適合。

若再加吉星，更能具有調度週轉錢財的能力；逢煞忌，則調度週轉錢財的能力不靈，或是因判斷、計算錯誤而賠錢虧本，行運亦然。

入疾厄：易得精神方面（腦神經、四肢、肝）之疾病。

【註】

命、身、疾，均屬於後天之保養或職業所影響的疾病。

入遷移：為動星。喜歡外出，動的很厲害。又為平輩之星，故很得朋友之助。很喜歡車子，如賽車，故若逢煞忌，易有車禍現象（因判斷錯誤），亦不適合做動的行業。

【註】

天機星在物品主為鏡子；在建築物主為鷹架或樓梯；在交通為機車。

入僕役：朋友多，有朋友的緣份。天生就比較雞婆、熱情，所以大都為真誠交

往，不為利益之交。（命身宮亦然）

入官祿：宜從事計算性或巧藝技術性的職業。又屬「機月同梁格」，故以智慧發展，利於考試或為公務人員，幕僚人員。工作性質異動較快，逢煞更為顯著，或是工作性質環境一直改變。

【註】

若加吉星，則對工作盡職負責廉潔；逢煞星，則會動手動腳，以智慧、計算上之專長圖利私吞佔有。

入田宅：表家中易有動的現象，若逢煞，表有家人分散或變賣田產之象。另屬木之星，喜居家環境種植樹木等（或前有公園、快速道路、小徑），若逢忌煞、化忌、擎羊，則家前定有形煞相沖。又為屬智慧之星，故也喜住在有文化氣息之處。居家週遭環境：若逢煞星，則家住在小巷、小徑；若逢吉星廟旺，則家住大路上；逢輔弼則為交通發達之處，也經常住家四周的路有開路的現象，至於是否有增值則不一定。

【註】

田宅宮坐何星，則家中就喜歡擺設什麼。如天姚（玩賞），則喜歡養魚、鳥、狗等一些供玩賞之物。又如屬金之星，則家中喜歡擺設金庫、金屬飾物，甚至喜歡住在有賺錢的環境。

入福德：喜用腦筋，反應靈活，且必為太陽坐命。至於性格為何？要以太陽之旺陷為參考。（太陽之人，喜歡結交朋友，且屬平輩類。）

再加吉星，較為善星；加煞星，則走私、販毒等邪惡之事均會去做。亦代表宗教之星，但命坐太陽卻不信，所以大多是後天加入的信仰，因此，很少能成為一代宗師或大師級人物。

入父母：加吉星，表父母能將智慧留給你、或啟發你，而不是帶給財富；逢煞忌，會有偏差誤導現象，以父親影響較大。

三、相關星曜組合解碼

◎雙星意象解析：

機陰：聰慧機伶，知所進退。

機巨：是非條理分明，頭腦清晰，學識淵博，喜新事物。

機梁：清高孤獨，受人尊重，著重精神上的灌溉。

四、綜合整理

1.機梁會合善談兵，居戌亦為美論。

2.機月同梁寅申位，一生吏業聰明，申位較佳。

3.巨機酉上化吉者，縱有財官亦不榮。

4.巨機居卯，先退祖而後復興，屬白手起家格，但福不全美。

5.機梁守命加吉曜，富貴慈祥，且身懷專門技藝。

6.天機加惡煞同宮有巧技，且心術欠正、鼠竊狗盜之嫌。

7.機梁守身命逢煞空沖破，多為出世隱者。

8.天機天梁擎羊會，早有刑而晚見孤。

天機	天機	天機	天機 太陰
天機 天梁	紫微		天機 巨門
天機 巨門			天機 天樑
天機 太陰	天機	天機	天機

9.女命不宜機梁陷地，多刑傷，且婚姻不美，人生較憾事。

10.機陰同宮，跋涉他鄉，尤以行限逢之更甚；女命感情有憾事。

11.天機化忌行限逢之，多刑災或是家宅不寧，親人有損。

太陽星

星名	太陽星
五行	丙火（陽火）
斗分	中天
化氣	貴
所主	官祿主
人物	比干

一、古賦文彙整

◎太陽所主若何？

太陽星屬火，日之精也。乃造化之表儀，或問之公檻，用天曆度，輪轉無窮。在數主人昭彰，福應司貴，為武為文，喜輔弼為相，祿存高爵。太陰相生，諸吉集則降禎祥，處黑星（註一）則勞心勞力。若隨身命之中，居於廟樂之地，為數中之至曜，乃官祿之樞紐。化祿化貴最宜，在官祿，男作文星，女為夫主。在寅卯辰巳為之升殿，在午為之入廟，乃大富貴也。未申為偏垣，作事先勤而後懶。酉為西沒，貴而不顯，秀而不實。若在戌亥子丑陷宮，亦為無光輝之地。更逢囚暗破軍，一生勞碌，衣祿有欠。如忌宿陷自有傷，與人寡合，動輒是非，女人逢之，夫名不利，遇耗則非禮成婚。若遇諸吉與祿存同宮，雖主財帛，令人不閒。若遇令地左右太陰同宮，皆為大貴。火鈴刑忌逢之，則先剋父。身命祿官若逢諸吉拱照，更有太陰同照，則富貴全美。若財帛宮於旺地，會諸吉星相助，不為巨門同躔，其富貴綿遠。若陷地逢殺，一生吉慶無期。居田宅，得祖父蔭澤，若逢劫煞流煞、歲君白虎交至，則剋父母矣。男女宮，有光輝者昌，有刑殺，雖成敗損。更以身數合之，禍福無差。奴僕弱宮，若身居之逢吉，則可在貴人門下客，否則公卿走卒。夫妻宮：亦為陷宮，男逢諸吉聚，可因妻得貴，限地加煞，傷妻不吉。男女宮：八座有吉，權柄不小，若左右諸吉皆照，大小二限俱到，必有驟興之喜。若限不至，不可以三合議論，恐應小差。女命逢之，限至亦可安享。與鈴刑忌集限，防目下之憂，先剋父。與刑殺聚限，有傷官之憂。與羊陀聚，則有疾病。與火鈴合，其苦楚不少，推而至此，禍福瞭然。遷移宮其福與身命不同，難招祖業，移根換葉，出祖為家，限步逢之，決要動移。女命逢之，不及福德宮，有相佐夫、招賢夫之格。相貌宮：男子單作父星，有輝則吉，無輝剋父。

希夷先生曰：太陽星，周天曆度，輪轉無窮。喜輔、弼而佐君象，以祿存而助福。所忌者，巨暗遭逢，所樂者，太陰相旺。諸宮會吉則吉，黑道（註二）遇之則勞。守人身命，主人忠鯁，不較是非，若居廟旺，化祿化權，允為貴論。若得左、右、昌、曲、魁、鉞三合拱照財官二宮，富貴極品；加四殺，亦主飽暖，僧道有師號。

女人廟旺，主旺夫益子，加權、祿，封贈，加殺平常。

歌曰：

太陽原屬火，正主官祿星。若居身命位，稟性最聰明。慈愛量寬大，福壽享遐齡。

若與太陰會，驟發貴無倫。有輝照身命，平步入金門。巨門不相犯，升殿承君恩。

偏垣逢暗度，貧賤不可言。男人必剋父，女命夫不全。火鈴逢若定，羊陀眼目昏。

二限若值此，必定賣田園。

玉蟾先生曰：太陽司權貴，為文，遇天刑為武。在寅卯，為初昇；在辰巳，為昇殿；在午，為日麗中天，主大富貴；在未申，為偏垣，作事先勤後惰；在酉，為西沒，貴而不顯，秀而不實；在戌、亥、子，為失輝，更逢巨暗、破軍，一生勞碌貧忙，更主眼目有傷，與人寡合招非。

女命逢之，夫星不美；遇耗，則非禮成婚。若與祿存同宮，雖主財帛，亦辛苦不閑；若與帝星、左右同宮，則為貴論；又嫌火、鈴、刑、忌，未免先剋其父。此星，男得之為父星，女得之為夫星。

註一：黑星者，是指太陽居於落陷之宮位而言。

註二：黑道者，同註一所指之意。

◎太陽入命限吉凶訣

•太陽入男命吉凶訣：

命理陽逢福壽濃，更兼權祿兩相逢；魁昌左右來相湊，富貴雙全比石崇。

日月丑未命中逢，三方無化福難豐；更有吉星終不美，若逢殺湊一生窮。
失陷太陽居反背，化忌逢之多蹇昧；又遭橫事破家財，命強化祿也無害。

•太陽入女命吉凶訣：

太陽正照婦人身，姿貌殊常性格貞；更得吉星同主照，金冠封贈作夫人。
太陽安命有奇能，陷地須防惡殺凌；作事沈吟多進退，辛勤度日免家傾。
太陽反照主心忙，衣祿平常壽不長；剋過良人還剋子，只宜蔭下作偏房。

•太陽入限吉凶訣：

二限偏宜見太陽，添財進業福非常；婚姻和合添嗣續，仕者高遷坐廟堂。
太陽守限有多般，陷地須防惡殺侵；加忌逢凶多阻滯，橫事破財家伶仃。

二、新解破譯

為陽火，為明顯之火，故為能源且散發、直接表現之象。是為一切的能源，但無法積蓄，所以很會花錢。個性熱情四射且內心無法制止，因此最無法忍受寂寞，所以一生都活在不停地燃燒之中。至於落陷的太陽，由於先天的能源不足，但仍要不停地燃燒，故有打腫臉充胖子現象，甚至有臨老入花叢、不死不收，非得耗盡資產、家當方才罷休現象。

喜歡出風頭，做公眾人物，倘若命格旺，則可成為領導人物。

屬陽火，於物質上，代表一切能源（直接使用的），如發電廠；不是積蓄的，是直接消耗能源的，如電爐。

屬權貴，但不是一般直接的行政權或發號施令的權，它是一種屬於心甘情願的權貴徵象，是一種與生俱來天生的領導能力，因此他所到之處，自然氣氛就熱絡起來，自然就會散發一種領袖的魅力。當然，他自身亦喜歡如此受注目、受歡迎的場面。（武曲重實力，太陽愛膨脹）

太陽司官祿主，故喜入官祿宮，是老闆格的成立要件。具有愛事業、愛勢力、愛影響力，亦能縱橫黑白兩道，也多能應用群眾（如選舉）而掌職事業。

男命代表：父、自己、子女；女命代表：父、夫、子女。不論居何宮位，廟旺則一生輕鬆悠閒；落陷則一生較為奔馳辛勞。

男命，太陽廟旺，是與父、自己、或子女有好的關係；反之（落陷），甚至有父母早逝或對不起自己或與子女有刑剋之現象。

太陽落陷逢煞，男性主刑剋；廟旺（加吉星），有男性緣。

女命廟旺，表與父、夫、子有緣份或有地位；若落陷逢煞，表會與前述之人有刑剋（欠債），被虐待、強暴、或有早逝之象。

太陽：寅——午為廟旺；申——子為落陷。

• **廟旺**：奮鬥愈來愈勇，活躍在白天。

• **落陷**：奮鬥愈來愈懶，活躍在晚上，易淪為黑道。（而未、申、酉等宮位，則有先勤後惰之象。）

判斷命格高低：

視所居之宮位。所出生月份。所生之時辰。

●子、午宮的太陽有變景之象：

午宮為物極必反，是轉為暗的開始，因此怕吃苦，不易成功。

子宮為物極必反，是轉為亮的開始，即以辛苦有成之徵象。

太陽最喜逢昌曲，可使其心粗中有細、有智慧，可增加其對科舉考試的機會。

太陽亦喜逢祿存，因祿存土可積蓄其能源，使其命運較為穩定，且沒有刑剋。另，太陽喜三合、八座，可增其尊貴與地位；亦喜華蓋，可表現出其重要性；若逢天刑，為武貴，可令職掌實際上之權力（廟旺始成立）。

太陽對於魁鉞、輔弼的效應，反有受限畫蛇添足之慮，因為太陽本身即屬於群眾之星，多加了吉星，即可能產生有極限的反效果。

太陽對於煞星的效應：

- 最怕逢空劫，可造成虛發、或成烏托邦理想卻不實際。
- 逢火鈴，會增加其辛苦，以及降低其出生的環境。
- 逢羊（砍掉）陀（折磨），會造成一種刑剋、折磨（太陽落陷）。但當太陽廟旺時，羊陀反為太陽所煉，而造成就其對人生具有奮鬥的目標，但刑剋不免。（陽火煉陰金較有造就之實，至於陽金則刑剋居多。）
- 若逢空劫，比較不能吃苦，但可增加其思想與智慧，然往往易淪為理想空談之表面功夫；逢羊陀，則較能吃苦。

若逢化忌，或有變景之象；但若是加了太多的吉星，反而不好。

一般而言，六煞星均可造成太陽出身環境降低，若是落陷，則所有煞星均能對它造成影響（刑剋）；但若廟旺，則不好。

標準長相特徵：

圓臉、大餅臉，眼睛圓亮宛如會說話，鼻若獅、鼻梁挺直，胸膛很雄壯，臀部高，虎背熊腰。

（長相會因所落宮位不同而有差異，但氣質則不變。）

太陽之人最會破相，如頭偏、近視眼（逢煞尤驗），則命格減分；若無任何破相，則一般較為聰明。另，巨日同宮者，下巴尖長，但風格較為優柔寡斷。

太陽之人講話很不守信用，脾氣也很暴躁，浪費、虛榮、亦喜打腫臉充胖子，但卻很有人緣。

入兄弟：兄弟好，感情佳，有兄弟意象。廟旺，助力大；落陷，助力小。

入夫妻：等於命坐天機，重視家庭；男命，妻子一定有助力，落陷則妻子較為辛勞。

女命太陽廟旺（天機廟旺），可因夫而貴；若落陷則不一定；另外，福德亦不能破，否則婚姻以不美滿論，而男命有因妻而貴則很少，主要因為天機主智慧卻不主財、或主貴，它只是一種助力，願同甘共苦。

【註】

女命太陽入命，有男子氣概，有主見（男命夫妻宮亦然）；但若是天機，則為沒主見。

入女子：（相當於命坐紫微）廟旺，子女優秀，也較有子命；落陷，子女較辛苦，可能沒有兒子。

廟旺逢煞，子女較少，或管教不得體（沒有耐心）；落陷逢煞，則子女可能會學會壞，或去當流氓。

【註】

子女宮是為承襲我的宮位，故需與命宮合看。太陽入子女，重點在兒子，廟旺則子女會代給我榮耀，否則不成器。另，若廟旺加吉星，則教養子女輕鬆；落陷則不輕鬆且有刑剋。但若屬「變景」格局，則會於辛勞中有所成就。

太陽入子女，我傳給子女。太陽入命宮，我自己掌控。故若逢煞，則為個性剛強頑劣，往往行為做事均是錯誤的，有無理偏差之象。

子女宮也屬於學生、弟子，若漂亮表可傳好的弟子，否則會被弟子出賣或不肖弟子。

入財帛：廟旺，輕鬆進財；落陷，辛勞進財。花錢方式大多為自己而花，當然慷慨朋友亦有，但只是為了面子或為了當老大才會為之，女命亦然。

女命太陽落陷，則是節儉自己，錢給家中男性（父、夫、子）花掉；若再逢煞（尤逢化忌），則會於大方慷慨之後而後悔惋惜，但時間不會太長。一般而言，落陷能周轉的錢財不多，但資產的多寡就不一定了。

入疾厄：要注意頭部、眼睛、腸胃、高血壓、血液或淋巴系統的疾患，尤其落陷，必然會有其中一項症狀；行運走到太陽逢煞忌亦同。

入遷移：外出光芒四射，有如太陽一般，但只是外在的表現如此，實際的本質則不一定。

女命太陽逢煞或落陷，或在福德宮逢煞，或行運走到太陽逢煞，則會有遇人不淑之徵。廟旺，不辛勞；落陷則人失財失或跟隨的男人沒有前途。另在肉體、金錢上的尤為明顯，尤其是太陽落陷逢煞；若是再逢煞來沖，而流年行運走到，大概會碰到沒有結果的男性。

入僕役：人際關係好，群眾關係好。

廟旺：能結交一些有影響力、權威性之高層次人物。

落陷：能結交一些草莽性、基層性、勞工階級低層次人物。

另除政治、群眾之外，在公益、慈善、宗教上具有影響力者，亦均喜歡結交。

入官祿：司官祿主，故事業為其最愛。廟旺，事業功成名就、聰明、會讀書，或可獲得高層次的社會地位、人際關係；落陷則不太會讀書、或為環境影響謀求政府機關官職很難，另若牽涉選舉亦然。

【註】

一般而言，命好的條件：日月守不如日月會照（合）。因為，正坐太陽，會刑剋男性；正坐太陰，會刑剋女性。

入田宅：主土地（動象），太陰（靜象）亦是。故太陽較偏向於土地開發、公共工程等，太陰則較屬土地買賣、土地移轉、房地產買賣等。故一般太陽入命、或入官、或入田者，較均會從事建築、土木工程、房地產的買賣（為全部賣出型）；而太陰則是買來增值不變動。

另主家中的男性：廟旺，白天很有活力、好動，且會聚集生活；落陷，則晚上有活力、不好或有刑剋，再逢煞，會有分散的現象。

入福德：等於命坐天同。故在思想觀念上有一點像太陽，但本性卻如天同（較為保守），很喜歡交朋友，黑白二道均有；並不是很慷慨，但因太陽入福德，所以也會學習太陽的慷慨大方。

於思想觀念上：大多光明、無私、博愛，但不一定正直。若廟旺，則表面上是好人，但做的事則不一定；若落陷，則表面上看似壞人，但實際不一定，然辛勞不免。

另就際遇而論：若廟旺，福氣較好、結交的層次高；若落陷，福氣較不好、結交的層次低。若是廟旺加吉星，亦可功成名就、聲名遠播（全是經由學習而來），如巨門化祿，則是會因「吃」而出名。

入父母：代表父親有好的東西承傳，尤以社會資源為最；也代表父親喜歡結拜兄弟朋友（廟旺），以及遺傳如何應付人際關係的處理，或政治上的應對手腕。若落陷，則代表父不好、或懷才不遇、或多疾、或先盛後衰；若再逢煞，則父親可能為黑道（黑社會）人物、或低層次的勞工階級、或從事見不得人的職業。然而若逢化忌，則不一定，因有「變景」之故。

再者，太陽入父母，等於命坐武曲，因此往往比較容易有繼承人很大的產業，或是政治社會資源。（但卻要以武曲廟旺為要件）

父母宮為我們的相貌位、成功位，也代表著光榮、名聲與榮譽，因此，在父母宮則代表重視榮譽。所以，不逢煞的武曲坐命之人，往往非常重視面子與榮譽；若是逢煞，則會不管別人如何說，只要我有實力，有錢可賺即可。

太陽	太陽	太陽太陰	太陽巨門
太陽	太陽		太陽天梁
太陽天梁			太陽
太陽巨門	太陽太陰	太陽	太陽

三、相關星曜組合解碼

◎雙星意象解析：

陽陰：先勤後惰，猶豫不定；日月同丑安命未者，具侯伯之才。

陽巨：進取，競爭，先勤後惰（日落西山）

陽梁：剛正光明，領袖慾強。

四、綜合整理

1.日照雷門卯辰巳地，晝生人，富貴名揚。
2.太陽居午，日麗中天，吉扶有專權之貴、敵國之富。
3.太陽化忌，是非日有、目還傷，亦主災厄。
4.太陽會文昌於官祿，皇殿朝班。（陽梁昌祿格更驗）
5.日巳月酉，安命丑，穩步蟾宮。
6.日卯月亥，安命未，多折桂。
7.日月同未，安命丑，侯伯之才。
8.日月丑未安命身，三方無吉反為凶。
9.日月夾命，不權則富。

10.太陽居於福德，近貴榮財，惟女旺男弱。

11.太陽在戌亥子，女命守身命，夫星不美，宜晚婚，但亦有刑剋。

12.太陽在陷地逢煞無桃辰沖破，雖貧賤殘疾，但多貞節烈婦。

武曲星

星名	武曲星
五行	辛金（陰金）
斗分	北斗
化氣	財
所主	財帛主
人物	周武王

一、古賦文彙整

◎武曲所主若何？

武曲屬金，北斗之第六星也。乃財帛宮主財，與天同有壽，司於財宅，受制其威權於十二宮，分其臨地有廟、旺、陷宮。喜祿存而同政事，太陰為佐權，天府天梁為佐二星，田宅財帛為專司之所，主巨富，有喜有怒，可福可災。若耗囚會於震宮，必為破祖奄留之輩。與祿馬交馳，發財於遠郡。貪狼同度，慳吝於人，財常橫發。若七殺會於火宮，決因妻財而致富。與破軍同位，財到手而成空。更臨二限之中，定主是非之撓。若獨居二限之地，發財不輕。或坐命，主財巨富，乃財入財鄉為廟地。與月令蔭福同鄉，三合見之，必作棟樑之客，與桃花同宮，遇蔭財當橫發。值空亡，因色破家。與日月，更得官星主照，宜於天府安身，不宜受制於廉貞，與破軍同度，破祖喪家，而終身勞碌，必定無成。天貴同宮得地，作財賦之宮。與七殺擎羊相會，必刑而喪命。單居身宮，必得祖業。與大耗同居、破蕩家產。諸凶而作禍，吉集以成祥。小限若逢耗殺而惹官非，太歲或沖於旺地、橫發之年。廉貞逢耗曜，為婚約之訟。男女有氣而無陷，得男女之力，受制不吉。妻妾聚吉，因妻得財，遇凶，因妻去產。臨陷地定遭劫掠，大耗資財。與破軍入水浪，又值水生木發於江河，則危厄災禍不輕。官祿宮遇吉曜，為財賦之職，遇貪狼為貪污之官，凶居於火旺之鄉，限到辭官卸職。貪狼會則少年不利，所謂武曲守命福非輕，貪狼不發少年人是也。廟樂桃花同守，利己損人。七殺火星同宮，因財被劫。遇羊陀則孤剋、遇破軍難貴顯，單居二限可也。若與破軍同位，更臨二限之中，定主是非之撓，蓋武曲守命，主人剛強果斷。甲己生人福厚，出將入相，更得貪火沖照，定為貴格。喜而北生人，東南生人平常，不守祖業。四煞沖破，孤貧不一，破相延年，女人吉多為貴婦，加煞沖破孤剋。

希夷先生曰：武曲屬金，在天司壽，在數司財，怕受制、入陷；喜祿存而同政，與太陰以互權。天府、天梁為佐貳之臣，財帛、田宅為專司之所，惡殺耗囚會於震宮（註一），必見木壓雷震；破軍、貪狼會於坎宮，必主投河溺水；會祿馬，則發財遠郡；貪狼會，則少年不利……「貪武守命福非輕，貪狼不發少年人」是也；廟樂同月，利己損人；七殺、火星同宮，因財被劫；遇羊、陀，則孤剋；遇破軍，難顯貴，單居，二限可也。若與破軍同位，更臨二限之中，定主是非之撓。蓋，武曲守命，主人剛強果斷，甲、己生人，福厚，出將入相；更得貪、火沖破，定為貴格；喜西北生人，東南生人平常（註二）。不守祖業，四殺沖破，孤貧不一，破相延年。

女人：吉多，為貴婦；加殺沖破，孤剋。

◎武曲入命限吉凶訣

‧武曲入男命吉凶訣：

武曲守命化為權，吉曜來臨福壽全；志氣崢嶸多出眾，超凡人聖向人前。

武曲之星守命宮，吉星守照始昌榮；若加耗殺來沖破，恁是財多畢竟空。

• 武曲入女命吉凶訣：

女人武曲命中逢，天府加之志氣雄；左右祿來相逢聚，雙全富貴美無窮。
將星一宿最剛強，女命逢之性異常；衣祿滔滔終有破，不然壽夭主凶亡。

• 武曲入限吉凶訣：

大小限逢武曲星，若還入廟主財興；更加文昌臨左右，福祿雙全得稱心。
武曲臨限化權星，最利求謀事有成；更遇吉星同會合，文人名顯庶人興。
武曲之星主官人，公吏逢之刑杖來；常庶逢之還負債，官員值此有驚懷。

註一：『卯』者，後天八卦中曰「震卦」，卦象為雷，五行屬木，故曰「木壓雷震」。

註二：後天八卦中，對於方位五行所謂：西北為乾卦，五行屬金；東南為巽卦，五行屬木。武曲屬金，所以，以西北生人為佳。

二、新解破譯

為財星，屬陰金，是為地底下的礦產、地底下的金礦，所以需要大量的開採，因此，它不同於紫微的稀微的稀有與專精，故武曲之人，行為處事均有「大」的徵象，如做生意要做大生意、賺大錢，而且也花大錢。

再者，重評估、重經濟效益，屬於長時間的投資性質，但並非如天機的計算能力，所以才稱為財星，對任何事情先進行評估，一切向錢看齊。

武曲亦是徹底的執行家，不做則已，一旦決定必須傾全力為之。然在過程中，他會經常在修改注重經濟效率利益；基於此項特色所致，他最怕沒有資源（即土地或資金），換言之，在還沒找到曠產資源之前，他什麼都不是。

武曲之人一定暗合太陰，所以一般都有繼承土地之緣，但需沒有逢煞且廟旺，方始成立。

武曲之人很孤獨，主要是基於太注重經濟利益之效應，甚至連交朋友亦如此；生意上更是尋求能長期經營的事業或生意，且懶得去交際（僅注重有無實力），所以會予人一種冷漠孤傲之象。

對於家人很重視，但仍不改其評估的個性，因此，往往亦缺乏那種親情或感情的現象，一切完全以金錢來表達展現。

一般而言，武曲之人太重面子，完全以實力為依歸，所以，凡事該如何做就如何做，絕對不會貪小便宜或拿回扣，很精明、正直且無私；然而，也有例外，那就需要與福德宮同參了，若破，就會貪，很現實但不會害人。

武曲與化權有很類似之處，喜歡掌握權柄，且為絕對的權柄，畢竟，要想徹底地執行任務，絕對的權柄是必要的，因此，金錢與權力不但終身追求且可發揮很大的表現。

武曲屬陰金，雖不光亮但卻也很銳利、很內斂，不輕易起衝突，力量也不輕易地展現，然而一旦認定，必然傾全力出擊；另外，他不容易酒醉，因為他會評估控制。

武曲表現在意外災害均屬重大且嚴重，如再逢羊、火、忌等屬金之星，一定會有明顯的外傷或開刀手術之屬。

武曲之體型表現：中等身材，顴骨高，骨頭粗硬，脾氣或說話都是硬梆梆但很宏亮，肉不多，若碰屬土之星，則會較胖或較白

武曲之人喜歡武器與武力，但除非必要，亦不排除以武力解決，然而絕不會有

「吃虧就是佔便宜」的理念。

男命：「孤」的意象，大多表現在事業上，於六親較少；但若入夫妻宮亦會有，然而基於「有錢不怕娶不到老婆」、以及「用錢即可以打動女人芳心」的心態，因此他並不擔心害怕。

（太陽之人最怕孤，而武曲之人不怕孤。）

女命：較孤且帶刑剋，會表現在婚姻上，尤其是逢煞，一定有刑剋（尤其逢「自」化忌、陀，更驗）；但若逢火鈴，反有人緣（因火能使金熱絡）；另外，武曲之人，反應慢半拍，像恐龍，因此對女命而言，大多不容易離婚，或者甚至沒有婚姻，一旦結婚，必定能扛起全家的經濟問題且全心付出在家庭，所以才有旺夫益子之徵象，但是，她的表達方式仍然是以金錢為之（如遺產）。

武曲亦為長壽之星：女命也帶有男命的性質，所以她們也不怕沒有先生。

•武曲加吉星：

入魁鉞－能使其出生環境品質提高，或有產業、或能受家庭良好的栽培照顧，尤其是來自於父母豐富的資源，但不一定會讀書（一般逢魁鉞均較會讀書），只重視實質的經驗。（註：天機是智慧、益算之星；武曲是資金。）

入昌曲—可使武曲能文能武，且能應用細膩的智慧，但不一定會去讀書，然而有時亦會造成武曲太過拘束小節，而會失去英雄豪爽直接的氣概。

入輔弼—不見得會改變其出生環境或本性，但卻擁有很好的左右手，且願意去接近群眾，也會應用人情、笑臉去施展其領導統御能力。

【註】

一、武曲逢六吉星，有時反成為礙手礙腳，使其失去原有的直接、勇猛與豪爽的處事態度或氣概。

二、武曲若逢煞忌，不過是影響其交往的層次對象而已，其他並沒有什麼損失影響。所以，大致而言，武曲較喜歡逢弼與天魁。

三、天魁具有剛強堅毅與尊貴的個性，屬特殊高貴氣質的英雄，此特性不但無損武曲英雄的本性，且能增加武曲的智慧、勇氣等一切好的因素。

● **武曲逢煞星：**

一般而言，任何的煞星均有影響（減少）阻礙其獲得父母遺產（資金）的機會；

財星逢煞，代表在其財務上多變化，尤其是因田宅所起的變化。

逢羊陀—能更增加其賺錢的慾望，且更願意去賺，不過卻是以煞星（勞力或專門技術或帶刀槍）的方式去賺錢。故有「武曲逢擎羊會因財持刀」之徵驗。

逢火鈴—是因財而劫，至於是誰被劫還不一定，主因是在於受財之壓力，方才訴諸於搶；若是行運逢煞，則較有財物損失、較有被搶的機會（或是被人搶，再去搶別人的補回來）。

火鈴逢武曲，雖有火剋金之煉，但由於火勢太小，不足以構成氣候。更何況武曲並不需要煉，而是重開採是也，因此比較有浪費錢財，或是花費無意義的金錢意象罷了；至於方式則以「騙」為主，不會動武行搶，但羊陀就會硬要、動武行搶。另外，逢火鈴，也比較有笑容，反應較靈活，也較會談笑風生；於賺錢方式上，也較有劫財（短時間的，狠狠地撈一票，如做保險，賣車子等）之象，這與不逢火鈴的武曲是完全的不一樣。

逢空劫—武曲最不喜歡空劫，因空劫屬理想、天馬行空的，與武曲的重實際、實質、掌握不同。再者，空劫特別會劫財，這對財星而言最為不利，錢財往往特別地留不住，且經常有缺錢現象；即有錢時，一直會花錢，而沒錢時，又會受到無錢壓力之苦。但逢空劫，對其個性或原則並無改變，不過往往將錢用錯了地方，所以才曰「破耗」。

【註】

一般而言，武曲逢煞星其資金的應用會有偏差，尤以逢空劫最驗，比較會偏向於理想不切實務，或是重視短利、不敢長期投資，也沒有資金，而賺的錢也無法累積。當然，真正的武曲有錢也不太可能將錢放在銀行生利息，絕大多數一定轉投資去也。

武曲逢擎羊，因財持刀；逢空劫，錢財易耗損；逢火鈴，是因財被劫。（最容易受騙上當的星為天同、巨門）

女命逢空劫，婚姻不好或根本沒婚姻；逢煞忌、自化忌，對婚姻不利或六親緣薄（只要對方愈硬，就會被她剋的愈厲害，因武曲為吃軟不吃硬）；除非其夫妻、福德、田宅等宮位均不錯，否則刑剋不免。

入兄弟：人數三至七人。加吉星，適合與兄弟共同做生意會賺錢，但不見得會與兄弟合夥，因武曲為獨立之星；加凶星，則兄弟會因財持刀相向或糾紛衝突。另武曲亦為吸收資金，入兄弟，表資金易被兄弟吸收，因此易起衝突，甚至不排除以武力解決。

入夫妻：不逢煞或加吉星，表配偶獨立、很會賺錢、個性剛硬，能應付社會複雜的環境，是事業上的助手、好夥伴；若逢煞忌，則婚姻上會有刑剋，如晚婚或有生離死別之象（但只要有錢，則沒有刑剋；沒錢才有。）。

【註】

一、武曲為財星，若廟旺逢煞，較有自尊心，故沒錢不敢娶老婆；若逢煞則敢娶；落陷，則會評估對方有否錢財，或對我是否有幫助。

二、武曲一旦認定目標結婚，婚後一輩子也不會反悔。

三、武曲逢煞忌入夫妻宮，主錢財在夫妻宮有變化。

四、武曲女孩子想嫁出去的條件：要有錢，要會賺錢。

五、武曲對婚姻是持「錦上添花」、也是「落井下石」的態度，他絕對不會去做「雪中送炭」之事。

行運走到夫妻宮坐武曲逢煞，會很想找一個老婆來解決，但卻無法如願。另外武曲之人身材與七殺有相對稱的現象（武曲下短上長，七殺下長上短且下巴較尖），且不容易發胖，膚色白皙，身材苗條，但婚後則較易發胖。

入子女：任何的財星入子女宮，均代表願意將金錢花費在子女身上，武曲自是不能例外，且更有效率地栽培子女，但不是用愛心。一般可見的方式不外強制、威嚴、或武力；若逢煞忌，表有刑剋，或開刀、流產、或生殖系統有問題，或是對子女的管教有嚴苛不合理的現象。

武曲入子女等於天機坐命，子女很獨立，而一般天機坐命之人，較無法提供很大的資源予子女，而且武曲並不苟同於天機、且是要天機聽武曲的，所以，子女與父母經常不易溝通交流，甚至有子女要父母聽他的。

入財帛：財星入財宮、田宮最佳；加吉星，有充分的資金很大可靈活使用；逢煞則資金較不易周轉，尤以命身坐尤驗。

入疾厄：聲音宏亮、氣足，武曲的格局要加分，否則減分。加水星，要注意鼻竇炎；加金星，有動刀之象；加火星，鼻病；其他如呼吸系統、肺部之疾病均得注意。又武曲無加煞，則身體有如鐵打般的強壯，但若命身或行運逢煞忌，均有動刀或重大傷害。

入遷移：喜歡外出賺錢，亦即外面有很多錢等著你去發揮、發掘，故最好向外發展。（遷移宮是我們發揮出來的力量）

入僕役：朋友個性剛強，講求實際、實力，也表示朋友較有資金。逢吉星，錢財調度較靈活；逢煞，則表在資金上有劫財之象，或於錢財上有糾紛衝突。

入官祿：等於命坐廉貞（火）。適合朝金融界、軍警界、重工業、經商、金飾界、電子業等發展。逢煞（或在財、命），有賺錢不擇手段之方式，或是為辛苦賺錢，或為奸商。

入田宅：表家裡有錢，逢煞，表家裡沒有錢；最怕逢空劫，是為一直缺現金；若再屬土之星，如化祿、祿存，則屬富奢。

入福德：想學習武曲的本性。

入父母：等於命做天同（為福星）。加吉星，表父母有留下資金給你；若無，則沒有。或是父母為軍警、金融或經營重工業；若落陷逢煞，則或刑剋父母、或過繼二姓。武曲即使逢煞，仍然是很會賺錢，只是也很會花錢。

三、相關星曜組合解碼

◎雙星意象解析：

武府：官印相生，富貴顯達，文武雙全。

武貪：堅守本分，性情中人，大器晚成。

武相：聰慧，多才多藝，理財規劃一流。

武殺：外柔內剛，心胸抱負遠大，勇於開創冒險新事物。

武破：外剛內柔，成敗起伏甚大，不按牌理出牌。

四、綜合整理

1.武曲魁鉞居廟旺，財賦之官。

武曲 破軍	武曲 天府	武曲 貪狼	武曲 天相
武曲	武曲		武曲 七殺
武曲 七殺			武曲
武曲 天相	武曲 貪狼	武曲 天府	武曲 破軍

2.武貪不發少年人，中晚年發跡異鄉，橫發資財。
3.武曲吉聚遷移，巨商高賈。
4.武曲貪狼財宅位，橫發資財。
5.武破昌曲逢，聰明巧藝定無窮。
6.鈴昌陀羅會武曲〈鈴昌陀武格〉，限至防水厄。
7.武破祖業不保，煞聚破祖、破家又勞碌，同於財鄉，財富一場空。
8.武曲與祿馬交馳，發財遠鄉；與天府同宮主有壽；與羊陀同宮，主孤剋。

星名	五行	斗分	化氣	所主	人物
天同星	壬水（陽水）	南斗	福	福德主	周文王

天同星

一、古賦文彙整

◎天同所主若何？

天同星屬水，乃南斗第四星也，司福之神，為福德宮之主宰，後云：化福。最喜遇吉曜，助福添祥。為人廉潔，稟貌清奇，有機謀，無亢激，不怕七殺相侵，不畏諸煞同躔。限若逢之，一生得地，十二宮中皆曰福，無破定為祥。

希夷先生曰：天同，南斗益福保生之星，化祿為善，逢吉為祥。命、身值之，主為人謙遜，稟性溫和，心慈耿直，文墨精通，有奇志，無凶激；不忌七殺相侵，不畏諸凶同度，十二宮中皆為福論。遇左、右、昌、梁，貴顯，喜壬、乙生人，巳、亥得地，不宜六庚生人；居酉地，終身不守；會四殺，居巳、亥為陷，殘疾孤剋。

女人：逢殺沖破，刑夫剋子；梁月沖破，合作偏房。僧道宜之，主享福。

◎天同入命限吉凶訣

•天同入男命吉凶訣：

天同坐命性溫良，福祿悠悠壽更長；若是福人居廟旺，定教食祿譽傳揚。

天同若與吉星逢，性格聰明百事通；男子定然食天祿，女人樂守繡房中。

天同守命落閑宮，火陀殺合更為凶；天機梁月來相會，只好空門度歲中。

•天同入女命吉凶訣：

天同守命婦女身，性格聰明伶俐人；昌曲更來相會處，悠悠財祿自天申。

天同若與太陰同，女命逢之淫巧容；衣祿雖豐終不美，偏房侍妾與人通。

•天同入限吉凶訣：

人生二限值天同，喜氣盈門萬事榮；財祿增添宜創造，從此家道得豐隆。

流年二限值天同，陷地須防惡殺冲；作事美中終不美，惟防官破及家傾。

二、新解破譯

陽水，雖然不大，但為流動的水，且翩翩細柔，故個性如水一般，很柔，不嚴肅。又因水往下流之特性，故一般均沒有什麼大抱負，或是有逆流而上辛苦成功之案例，大多數是為追求享受。再者，由於水量不夠，所以，在面對衝擊或阻礙時，其精力與意志力都不足以應付解決；是故若逢屬水之星，可增強其力量；逢屬金之星，則可增進其發憤、吃苦、堅毅的力量。

為福星，屬福德主。臉型如娃娃臉，天真無邪，如福德正神一般。最喜入福德宮，廟旺，則出生環境好；逢煞，就很辛苦無法享受了（視命宮而定，另再以福德宮合參）。

女命坐天同最好，且所有的星曜亦以天同命最好；不論落入哪一個宮位，那一個宮位福氣必好；若逢煞，則會較為辛苦且無福報。

天同屬水，水屬智慧，故天同之人必有智慧，但仍需以父母（坐武曲）、田宅（家境、不動產）、福德共同評定。

天同喜歡玩樂，也可以放心地玩一輩子，有些星雖也會玩（如貪狼），但卻無法玩一輩子，因此，天同對於職業的選擇是為一種邊玩樂，邊有錢賺的性質，而上天對他似乎也特別照顧與愛護，所以，他們大多均具有一些特殊的技能。再者，天同一般無法獨當一面，除非是碰上一些屬土之星，所以，他們的工作性質大多屬於一種不用負責、且沒有責任的承擔徵象；若是加吉星，則有相當的智慧，而工作屬偏向較為輕鬆愉快，如從事宗教職事人員。

若是長相如福德正神白白圓圓的，則屬一生愛玩愛享樂；若屬方型臉、且稜角者，屬較辛苦，但較有擔當；若長相虎牙有凸出，則下半輩子會有一番作為，但個性上仍不會主動去承擔責任，然而偏偏就會有人去替其承擔。

天同很喜歡算命，但卻難得去學，也很少有成為師字輩的人物，但卜卦他們卻很喜歡學，因為卜卦近似於玩樂性質，且簡單。

最怕逢火鈴（火），會使其辛苦、煩惱、複雜，且有災厄、劫數（如火災、燙傷）。

逢羊陀（金），是辛苦，尤其需要花腦筋去煩憂，且會受到侷限。一般而言，天同大多不喜歡受到侷限、不喜歡受責任壓力，一生行雲流水，除非逢煞，才較有辛苦受限之徵象。

逢空劫，沒有很大的影響，有時反能增加其智慧，因空劫亦屬智慧之星，但仍影響其出生條件，畢竟亦可空劫掉其應具有的福氣；另若落陷，尤其要注意身體。由是之故，天同之人一般大災大難，比較不容易碰上；再者天同逢煞，一般對財務影響不大，但空劫卻不一定了。

天同加任何吉星均好，其中又以魁鉞最好，因魁鉞為貴人星，且以父母、長輩為最佳。逢昌曲，可增加其智慧，但氣勢不大，且身子骨亦顯單薄；若膚色略黑則較有成就。

看天同命好不好，見其臉部表情即可，如笑的很天真無邪、很自然，則命好；若笑的很輕浮、虛假，較次。

身材方面：中矮身材，體型單薄，骨架細細地，則命較好。

一般而言，天同要逢煞才會有所成就，但福德宮一定不能破（當然不逢煞又有加吉星最好）。

天同一定暗合貪狼，所以，也會有貪狼愛玩樂、貪婪，以及帶桃花的意象，然而，天同會有節制，而貪狼則否；這其中除非天同逢煞，則另當別論了。

天同性喜安穩閒逸，一旦生活有遭受逼迫，則其水性即開始流動了，因此，他可是最會尋求享受的人物典型；最適合從事服務業，因為他能提供人類最好且最有品味的生活方式。

女命天同之人，天性善良，但有太過軟弱之象，因此有成為貴婦人的，亦有一些遭受逼迫而即隨波逐流淪落風塵，然而本質上，她們不會主動去做壞事或害人，甚至於連欺騙也不會，除非逢煞（即有被污染），這其中又以逢火鈴最為明顯。

天同落入十二宮均呈福，但最好是屬於自己的宮位。

入兄僕：願把福氣給朋友（人際關係）或兄弟，亦即自己去開創受苦，而將成果給予兄或友；另天同坐命，僕役定紫微坐守，所以比較喜歡結交尊貴之人，也有人家說什麼就是什麼的現象，亦很樂意從事服務事業。

【註】

上天的安排很是奇妙，一強一弱、一剛一柔，決不會有所不公平，故若本命坐強星，兄僕定為柔星；反之亦然。（此即『易經』二八易位之自然陰陽變異升降轉換之消息道理）

入夫妻：代表他的福氣在婚姻。若加吉星，則可因婚姻而獲福；逢煞星，代表婚姻會帶給他辛苦，這其中以逢屬火之星較有戰剋，但不致於會有很嚴重的刑剋（如生離死別）。

入子女：願把所有的福氣給子女，且願意為子女犧牲奉獻。不逢煞，子女有福氣，且晚年子女亦會有所回報；若逢煞（或落陷），則仍願提供子女福氣，但晚年子女不會有所回報。

入財帛：可賺服務或宗教之財。由於水量不大，但卻為潺潺不斷，因此進財不大，同時也帶有一種流行之象。不逢煞，進財雖不大，但卻也不虞匱乏；加吉星，有祖蔭，也可輕鬆的進財，即使亂花費，也不會有敗盡產業之徵象。另因為福星，故易進福財，如抽獎。

入疾厄：屬水星，故宜注意泌尿系統、膀胱（無力）、糖尿病等疾病，且孩提時，也會有尿床現象。若逢陀、煞，有牙疾、聾盲（耳疾）之疾（逢巨門尤驗）。大抵而言，因屬水星，故凡身體可流出水的部位，均有可能犯病，如排汗系統、淚腺、鼻液等。另外，平時不想動也不好動，缺乏運動細胞，所以，亦會呈現懶惰、貪好享受之象。

入遷移：雖懶的出外，但卻很喜歡外出玩樂，也很被動，是為享受之星、旅遊之星。對外較無開創性，但卻具有溝通協調的能力。

（天同所在之位置，大都呈現無怨無悔之現象，因為它是福星。）

入僕役：前已述，故略。

入官祿：喜歡安穩的、協調的、玩樂的、服務的工作，不喜歡具有生產性質的事業。是為「機月同梁格」，屬公務員之格局，但天同人卻不多，尤以現代更甚（因為天同喜文墨，理工較差之故）。加吉星，雖然懶仍可輕鬆；加煞，會辛苦，但成就不大。

入田宅：重視家庭且具溝通協調能力。逢煞，夫妻床位有問題（兄弟宮亦然）。

入福德：為福星，故最喜入福德宮；亦為南斗，故主下半輩子有福，且為愈老愈有福氣，至少家庭會愈來愈好。若沒破，則會有轉禍為福、轉危為安之現象；若逢煞，則有福不會享受，換句話說，就是損壞了他的福氣。

入父母：代表福氣在父母，但是，還得看廟旺或落陷。若廟旺，則可沾父母的福氣；若是落陷，則反過來，亦即你要為父母辛勞，所有的福氣都給了父母；若是普通，是你的父母只注重他們的享受，不太重責任。（天同化權，才會有責任心的徵象）

※天同廟旺加吉星時，他的福氣才會滿溢出來，也才會將福氣分給他人；若逢煞或落陷，代表自己都不夠了，怎麼可能再分享他人。

※天同只有在午宮（太陰、天同）方最為落陷，但若再逢擎羊，則反有獨當一

面、獨撐大局的老闆命格。【變景格】

※何謂自己的宮位：即命、身、田、福或三方四正等宮位。

三、相關星曜組合解碼

◎雙星意象解析：

同陰：包容、謙虛、性情中人，情感豐富。

同巨：神氣內斂，木訥，拙言詞，先勞後逸。

同梁：性善心慈，動靜自如，隨和踏實人緣佳。

四、綜合整理

1.天同擎羊居午位，吉化，鎮禦邊疆，但較漂泊，主武職榮顯，是為「馬頭帶箭格」。

2.同梁寅申會，〈太微賦〉云：福蔭聚，不

天同	天同太陰	天同巨門	天同天梁
天同	天同		天同
天同			天同
天同天梁	天同巨門	天同太陰	天同

怕凶危；吉多，富貴聲揚；無吉有煞，亦不怕凶險，但為人奸滑。

3.同梁寅申會，平生較為飄蕩，四處奔馳；男女命均較有桃花或外遇，尤遇桃辰更甚。

4.善福之星居於空位，天竺生涯；命身宮得天機之善和天同之福分守，而命逢空劫、截路、旬空且無吉星來扶，多是僧道之命，或再有吉而不多者，則先俗而晚年遁入空門。

5.天同陀羅同度，易有眇目斜視（鬥雞眼）、發胖；若與火鈴同宮，帶疾延年。

6.天同居卯，主此人聰明、智高、善辯，惜早年即灰心且壽不長。

7.天同坐命遇四煞，易受人欺騙，不宜與人合夥生意。

8.天同守命逢煞有福不能享；居官祿無吉，平生較無開創、守成而已。

星名	廉貞星
五行	丁火（陰火）
斗分	北斗
化氣	囚
所主	官祿主
人物	費仲

廉貞星

一、古賦文彙整

◎廉貞所主若何？

廉貞屬火，北斗第五星也，在斗司品職，在數為官權。不臨廟旺之宮，更犯官符之撓，後化為囚，作禍作殃，觸之而不可解，遇之而不為祥。主人性貌勇暴，不喜禮義；遇帝座則主執威權；遇祿存則主大富；遇昌曲則主施禮樂；遇七殺則顯武功。在官祿為官星，與囚忌同，主勞碌。在身命為次桃花，居十二宮則賭博迷花而致訟，與巨門交於他處，則是非並起。與官符逢財星合耗，祖產必破蕩，遇刑忌膿血不免，迎白虎則刑杖難逃，會武曲於刑制之鄉，恐木壓蛇傷之擾。同大耗居陷地，防投河自縊之憂。破軍同日月以齊行，災而不免，限逢至此，災不可攘。只宜官祿身命之位，遇吉則福應，逢凶則不慈，若處他宮、禍福宜詳。

歌曰：

廉貪巳亥宮，遇吉福盈豐。應過三旬後，須防不善終。

◎廉貞入命限吉凶訣

•廉貞入男命吉凶訣：

廉貞守命亦非常，賦性巍巍志氣強；革故鼎新官大貴，為官清顯姓名香。

廉貞坐命號閑宮，貪破擎羊火更中；縱有財官終不美，平生何以得從容。

廉貞若陷入閑宮，吉曜相逢也有凶；腰足災殘難脫厄，更加惡殺命該終。

•廉貞入女命吉凶訣：

女人身命值廉貞，內政清廉格局新；諸吉拱照無殺破，定教封贈在青春。

廉貞貪破曲相逢，陀火交加極賤傭；定主刑夫並剋子，只好通房娼婢容。

•廉貞入限吉凶訣：

廉貞入限旺宮臨，喜逢吉曜福駢臻；財物自然多蓄積，任人得意位高陞。

大小二限遇廉貞，更有天刑忌刃侵；濃血刑災逃不得，破軍貪殺赴幽冥。

二、新解破譯

陰火，封閉性的熱火，有如地底下的岩漿，表面上看起來很不熱情，但內心卻是充滿著熱源，不暴發則已，一旦暴發則後果不堪設想；不博愛，是屬一種凝聚的力量，也有如包著的電線，具有一種導電的意象，這與太陽陽火的開放性質完全不同，因此，較有以行為或語言方式或武力強暴，也經常會有糾集小團體之現象。

太陽很怕火，但廉貞不怕火，其思考模式即宛如地底下的岩漿，一旦暴發則後果不堪設想，這個特徵對於對事業、感情處理的態度方式都一樣。

於感情而言，有「致命的吸引力」之形容，如愛一個人則會為他完全地付出奉獻（視為珠寶），但若不愛了，則有翻書般地翻臉無情（視為垃圾）；至於其他方面事物，則有「致命的噴出口」之描繪，所以它很邪門且具有可怖強烈的破壞力。而太陽則屬「事過境遷就算了」的典型，不會記恨記仇且孤擲在一點，但廉貞則可是能持續到永遠，只要是一經他認定的人或事都一樣。

逢煞星，則有如不特定的火山噴出口，不知道會從何噴出，所以若再逢會屬土或化忌星，則有被壓制之現象，故會呈顯如自閉症、癡呆或智慧被關鎖住之現象，但仍具邪門特性，畢竟地底下的岩漿何時會暴發噴出，任誰也不敢確定，然終究不過是時間早晚而已，甚至有愈晚愈具有強烈的破壞性或毀滅的表徵，所以大多較為安定穩定，而暴發出來的廉貞，也同時具有積極、有膽識、有魄力之徵驗。

化氣曰囚，故最易犯官司而被關起來。

又為品（德）秩（序）之星，所以，不遵守即有被關之意象。但也有分守品（德）秩（序）、與不守品（德）秩（序）的廉貞。好的廉貞很重視品（德）秩（序），也會成為維持保護者，如法官、軍警等，這種廉貞喜歡抓人來關；至於在判斷是守品（德）秩（序）或不品（德）秩（序），喜歡被關或喜歡抓人來關的關鍵，則得命、身、疾、福等綜合研參，但大體上而言，思想（先天）能影響行為（後天），而環境（後天）亦能影響思想（先天）、行為（後天），其中複雜異常，實是一大難題。

加吉星：鉞（魁不行，因魁帶流氓性質）、昌曲，可使其變得文質彬彬，行為舉動有禮貌，個性平易近人。

也代表權力、權柄，又為官祿主，故很重視事業，所以，一般若落入官祿宮均較為順利，除非逢煞忌，即自當別論。

一般屬火的星，除非逢煞忌，大都為很靈活、具熱能且很會交際之星，但基於陰陽屬性的展現不同，而呈現不同的表現。試舉例如次：

●太陽（陽火）：展現沒有特定的對象，人人好；能以四兩撥千斤輕鬆地以語言表達解決問題；熱情洋溢、開朗、博愛、直接。

●廉貞（陰火）：展現有特定的對象；是以特定的對象以語言表達解決問題，且能有學習多國語言的能力；喜怒不形於色，就如要打架揍人也絕不會先行通知。

長相特徵：顴骨高、單眼皮，甚至有三角眼，可視其長相來判別其善惡之分。眼睛：雙眼皮，善；單眼皮，較奸、較厲害。

加吉星，會有好的規範。如加輔弼，只是增強他的命格，但並沒有改變他的個性；若都沒有吉凶星，則亦正亦邪。

廉貞逢昌曲雖有好的徵象，但卻會有刑剋（水火戰剋、火剋「煉」金），在那一個宮位有破，即應驗在該處。

逢天鉞最好，有功名，個性與出生環境均好。

逢天魁，是可增加其領導能力，但也有可能去組織幫派，因此，是正是邪，那可就不一定了。

逢煞（羊、陀、火、鈴），其中以火鈴最不好，易使廉貞電線走火或易點燃地底下的岩漿暴發，身上帶有邪的靜電。

逢羊陀、屬金，可使廉貞傳電，亦可使火煉金，所以反可激發其勇敢奮發衝刺與專業（執）性。尤其逢擎羊，是為「雄宿朝垣格」，更能增加其勇敢與擔當，但有時亦偏向於破壞性，故最宜從事軍警業；另外，愛運動，精力充沛亦是其特色。

逢空劫，利弊皆有。利者，可空掉一些它的邪性，因此，會使其善良起來；弊者，亦空掉其一切能力（參考前述），或勇敢奮發之專業性。一般而言，男命：會有事業、金錢、身體上的不利；女命：會有婚姻、福德上的不利，甚至要擔負家庭的經濟問題。

廉貞最喜逢屬土之星，尤以祿存為最，可使其變的敦厚穩重，但晚發，因為祿存的土很厚，然基於火生土的原理，故要到中晚年方有所成，尤其是天府（紫微亦可）。這就是廉貞屬意特殊對象的最佳解釋，故不管是對愛或對恨，均有著相同的展現。

逢天刑，星性類似，故趣味展現相同，可從事法官、軍警等業；逢官符很容易犯官司；逢白虎、四煞、化忌、蜚廉等，均可使其邪性激發增烈。

逢屬水的星，是為水火既濟，尤其是天相，可使其岩漿的熱度慢慢地冷卻下來（溫泉效應），故有造就其個性，及出生環境有漸趨緩和與溫純之徵驗，但不可逢煞，否則很容易突發邪性。

逢屬金的星，可使其傳電，亦可煉金，所以，可能會有很會賺錢，也可能會有很會花錢之象，至於要如何分判斷，就得看其「囚」的性質了。簡單地說，就是他的思想或嗜好所在；如很好賭，則會呈現對賭很勇敢且亦具敢拼鬥的特性。

不喜逢屬火的星，易使其電線走火，也易使其暴發成邪、情緒失控，而造成無法挽救的災禍與傷害。

逢屬木的星，易使木造成火災，也可能使木變為焦炭，改變了木的形狀與性能而不堪使用；但若從另一角度來看，也是加強了它的靈活與隨機應變性。

廉貞逢化祿是為一種解放、解套與舒暢、流通，能無所不利，尤其在愛情、智慧與金錢上更見明顯；而化忌，則是囚住、是困境。

廉貞之人，不管男女都很漂亮，只不過是屬於一種特殊的、帶野性的美，如：男孩，為野性、為酷；女孩，為冷豔。

入兄弟：兄弟有品秩，加吉星，感情親密；逢煞星，則有互相報復，亦具有邪門之意象。

入夫妻：夫妻是為二人的共同體，故會有愛的死去活來、恨也恨的咬牙切齒的現象。加吉星，會很好；逢煞，是一種「致命的吸引力」。

入子女：等於命坐天同。對子女會有愛恨極端的表現，甚至有因遷怒而強姦子女、賣掉子女；逢煞，易得性病、墮胎或壞胎之徵驗。

入財帛：有時錢財大量湧進，有時錢財被困住，不是屬於固定的收入。星屬北斗，有前半生被困、後半生解放流暢之象。

入疾厄：（或入命、身宮同論）屬電、岩漿，故為身體中的電源（心臟），岩漿（血液）或神經系統；又因具有邪門性，故身體有時突然會不健康，且甚至一發不可收拾。再者，廉貞逢煞、化忌或陀最易得癌症；也有因長期的醞釀而突然暴發出來，如膿血之症；另外，於理智、思想上，也會呈現不穩定的現象。

亦為桃花星（邪性），故喜歡流連風月場所，也特別喜歡找特殊異味的女人，所以，很容易得性病如AIDS。由於它具有特殊流行（如吸毒），為陰暗不為人知，因此，經常會因周遭不同的環境，而有不同的疾病類型。若是行運走到逢煞，會暴發，如錢財、感情、疾病等。

入遷移：對外表現為廉貞（但不出外則無），對事業的開創力也很強；但若命身宮坐，其從事的事業形態可能為邪惡的，如販毒、開賭場；逢煞，外出很可能會犯官司或遭到罰款。所以，廉貞不管入何宮，均喜加吉星，若逢煞，則會有「致命的吸引力」，且屬於隱密性之典型（亦即沒有固定的型態，或很好、或折磨、或報復）。

入僕役：一經交往很難被破壞，然而一旦破壞，則會形同仇人、敵人；於人群中，喜歡凝聚小團體。

入官祿：（等於紫微坐命）最喜歡入官祿宮，不暴則已，一暴發出來則成就驚人，故最利於事業，司權令；若逢煞（紫微）很盡忠，若反叛，必取而代之。

入田宅：為曠野之地，不能耕作之地，山坡地，有地震之地，有溫泉之地。有時可能原本是毫無價值之地，但一經開發則變成最有價值的地。

入福德：官祿主最喜入福德宮，因會使其專注於事業，但男命較好，女命則偏向桃花。再者，思想較為邪門，但對重視或破壞品秩的態度就不一定了。加吉星，對讀書、求學、官職則積極且專心衝刺、也有擔當；逢煞星，則常有秀逗之象，如自閉、盡想走邪路、或思考行為路線錯誤等。

入父母：父母有似正似邪，或是好的、壞的遺傳均有，與父母很黏，也經常有住在一起的現象，甚至有婚後還要與父母睡在一起，很「武曲」，也為囚住且照其意思將其侷限起來。加吉星，則為好的；逢煞星，則為「致命的吸引力」。

三、相關星曜組合解碼

◎雙星意象解析：

廉相：善惡公正，貴人多助，官商皆宜。

廉殺：放蕩，遊走法律邊緣，反應機伶，執著衝動。

廉破：喜創新冒險嘗試，大起大落，獨立性強烈，先敗後成。

廉府：堅持原則法制，敢愛敢恨，是非分明。

廉貪：性情不定，牆頭草，曖昧慾望。

四、綜合整理

廉貞貪狼	廉貞天相	廉貞七殺	廉貞
廉貞天府	廉貞		廉貞破軍
廉貞破軍			廉貞天府
廉貞	廉貞七殺	廉貞天相	廉貞貪狼

1.女命陷弱之地忌逢桃辰相脅，易淪落風塵。

2.行限逢廉囚於陷弱之宮，又逢白虎來沖，謹防官司、牢獄之災；如煞聚則主橫死，否則傷殘不免。

3.廉貞寅申宮無煞，是為「雄宿朝垣格」，富貴聲陽。

4.廉貞七殺居廟旺、無煞沖，反為積富之人；

忌羊同居遷移，路上埋屍。

5.廉貞逢昌曲，好禮樂；但逢煞沖會，防壽元不美。

6.女命廉貞逢祿辰，有純陰貞節之德。

7.廉貞逢羊居官祿，枷扭難逃。

8.貞破卯酉加吉會，艱辛有成富貴全；加煞則公胥吏輩。

9.廉貞逢煞入夫妻宮，婚姻不美且易有生離死別之象。

10.廉貞、陀羅或化忌入疾厄，易有暗疾。主「癌症」、「心臟病」、「膿血」之症。

11.廉貞有很強的外語能力。

12.土多雖可牽制廉貞，但可能會得自閉症。

※　※　※　※　※

紫微星系介紹講解到此，內容絕對是充實精彩，且其中已將星曜性情之演繹技巧透露無遺，希望各位能領悟且訓練自己動動腦，多加強自己的智慧領域開發，以及搭配著時空社會背景型態的綜合研參，如此相信在斗數的境界上，必然可輕鬆、愉快且天馬行空地拓展自我的智慧層次領域。

接下來，我們即進入星曜性情「天府星系」的部份，希望務必要讓自己紮實演繹推理的能力，俗諺：師父領進門，而修行則在個人了。

第二章　天府星系

星名	天府星
五行	戊土(陽土)
斗分	南斗
化氣	富、貴
所主	官祿主
人物	姜皇后

天府星

一、古賦文彙整

◎天府所主若何？

天府屬土，南斗主令星也。為財帛之主宰，在斗司福權禍之宿，在數則執掌財帛田宅衣祿之神。為帝之佐貳，其相貌則清秀俊雅，其稟性則端雅溫良。太陰文昌文曲左右，必中高第，逢祿武曲，則有巨萬之實。以田宅財帛為廟樂，以奴僕相貌疾厄為陷宮。身明逢之而得相助，主夫妻子息不缺，若吉集為富貴之基，定作榮昌之論。若值空鄉孤立，不可同論。會紫微科權祿，富貴雙全。

歌曰：

天府為祿庫，入命終是富。萬頃置田莊，家資無論數。女命坐香閨，男人食天祿。

此是福吉星，四外無不足。

希夷先生曰：天府乃南斗延壽解厄之星，又曰司命上相鎮國之星。在斗司權，在數則執掌財帛、田宅、衣祿之神，為帝之佐貳；能制羊、陀為從，能化火、鈴為福，主人相貌清奇，稟性溫良端雅。與太陽、昌、曲會，必登首選；逢祿存、武曲，必有巨萬之富。秘云：『天府為祿庫，命逢終是富。』是也。不喜四殺沖破，雖無官貴，亦主財田富足。以田宅、財帛為廟樂，以奴僕、相貌為陷弱，以兄弟為平常。命逢之，得相佐，主夫妻子女不缺，若值空亡，是為孤立，不可一例而推斷。大抵此星多主吉。

又曰：此星不論諸宮皆吉，女命得之，清正機巧、旺夫益子，雖見沖破，亦以善論；僧道宜之，有師號。

◎天府入命限吉凶訣

•天府入男命吉凶訣：

天府之星守命宮，加之權祿喜相逢；魁昌左右來相會，附鳳扳龍上九重。
火鈴羊陀三方會，為人奸詐多勞碌；空劫同垣不為佳，只在空門也享福。

•天府入女命吉凶訣：

女人天府命身宮，性格聰明花樣容；更得紫微三合照，金冠霞佩受皇封。
火鈴羊陀來沖會，性格庸常多晦滯；六親相背子難招，只好空門為尼計。

•天府入限吉凶訣：

限臨天府能司祿，士庶逢之多發福；添財進喜永無災，且也潤身並潤屋。
南斗尊星入限來，所為謀事稱心懷；若還又化科權祿，指日欣然展大才。

二、新解破譯

陽土、表面之土，必須有耕種方有收穫；所以一定要生產、要上班，才能獲得實質的物質收成。因此，此星性很重視事業與收穫，也因此，凡與他沒有關係的或對其沒有意義的，他都不會有興趣。

一般而言，凡屬土之星均較為孤獨，所以，他不會主動地去送禮，如紫微（最明顯）、天府（有利的才會去找，沒有否則）。

由於是屬表面之土，故可隨著季節性耕種任何之物，因此，天府之人可適合從事任何事業，且隨時都能有收穫；是故大多為上班族或公務人員，因為每個月都有薪水可領。

天府之土不會懈怠，很忠於他的事業。

屬延壽、解厄之星。一般屬土之星均有此功能，如紫、府、梁等，指本命或行運走到且無煞方成立。

司權、好權且自視甚高、努力，也有霸道意象（但態度較為緩和、溫和）；又為令星，故喜歡支使別人而自己不動，因此可演繹為老闆星、主管星，當然，於事業或官運上，均會較為亨通。

凡屬土之星，居落中，可接納所有的東西，且天府陽土為可生產收穫的興，故具有守財、理財的能力。

天府的福德宮坐貪狼，故有其多才多藝與愛享受的性質，因此天府為博學而非專學，也很智慧和聰明；喜歡看任何的課外讀物，考試運很好，甚至猜題的運氣更是一流，很重視家庭和事業。

女命，旺夫益子，尤其是對於後代更是盡心盡力，且有耐心、耐力，管教方式很合理中庸，也是一個很稱職的職業婦女。

天府理智與情感很平衡，而武曲太過於理智，故常常失（去）控感情。

天府很少信宗教，也很少去宗教場所，不排斥，但保持距離；對算命也很少去主動諮詢。然而，若是單就對宗教的理念而言，天府算是具有最好的宗教理念。

天府的境界有如「觀音法」一般，不重偶像、儀式，而僅重視宗教的精神，帶有人慈、慈愛的性情且能量力而為，也能先從自家做起，然後再擴展到外面。

屬土之星，自尊心很強，天府自不例外但卻不會表現於外，而是屬一種信心、包容力的自尊，它不具傷害性，也不具攻擊性，所以，也總是會受到他人的尊重與愛戴；另它亦是一顆比較符合自然的星。

是祿庫，所以，很會理財，不會浪費亂花錢，且能依自己的本事來掙錢，也重享受但有節制，很保守也很能守成，但並非墨守成規，而是屬於在安定中求發展的典型。

臉型方圓型，先瘦後胖，而轉胖即是其開運時候；為南斗，屬下半輩子。凡屬土之星，大多到中年後肚子會漸大，因土屬脾胃，又為珠央位子置，故有此徵驗。雙下巴，笑容慈藹，很深緣、很穩重、不輕浮，這與天同的天真甜美、喜人愛憐不同。

個性外柔內剛，若逢煞，有缺陷、私心較重且出生環境較苦，一生運途也較為辛苦，包容力稍差亦較自私，這在有利益抉擇（衝突）之時，更為明顯；另外，若福德宮（貪狼坐守）再逢煞，或是命坐府、身為殺破狼，福德再逢煞，才會有奸詐現象；又為衣食之神，尤逢龍池、鳳閣更可成為美食家。

一般而言，一些賭博、輕浮、投機冒險之事，天府不會為之。

逢羊、陀屬金之星，土又生金，且遷移七殺坐守，金即財，故會以金性去衝鋒陷陣而賺取錢財入其庫，所以，喜任何屬金之星，不過，也會有些壞的影響，但天府自有其減輕傷害的天性本能。（但女命逢陀，較有傷害，尤其在婚姻、福德更為明顯。）

逢屬金之星，較易向生產或是有資金去投入事業的現象，所以，比較具有老闆命，也較能吃苦，比較會朝生產事業發展，否則，天府本質（官宮坐天相）是為穩定、安定的性質，不逢煞或身宮不逢屬金之星或輔弼者，大多較不能成為大老闆。

逢火、鈴，可生天府之土，故為一種努力的氣數可滋潤大地，是為一種破壞後的肥沃，因此，有話火鈴為福氣之徵象，而呈顯出先苦後甘之現象。

最忌逢空劫，會空亡掉土地使其中空一塌陷一塌陷地，使土地難以耕種，而無法得到高經濟代價的收穫。因此，往往會有積蓄到某一個階段，即會有事情讓其積蓄一掃而光。男命：在事業，金錢；女命：在婚姻（如晚婚、單身或孤獨感），感情，身體。反正就是會有定的災難發生。

若加吉星，則出生更好，使其土地增多了（父母坐太陰），或可繼承較多的祖業。（不論繼承或置產，一般天府即有，逢吉為加分。）

加輔弼，可增加其領導統的能力，如無，其人緣好，也有領導能力（對上、對下皆是）。

加昌曲、魁鉞，可增加其智慧、功名之得心應手，或是特殊證明，不會同流合污，對屬下有理智責任上之關懷。

(1)若是落入屬土之星，可增其土厚，但較孤，然逢吉化則解。

(2)若是落入屬金之星，可帶有資金而將其性格強烈起來，且具有開創性。

(3)若是落入屬火之星，可使其格局大起來，尤其是廉貞最好。

(4)較不喜落入屬水或屬木的星，因會有剋制住它侷限其發揮，但天相（水）例外。（于後再詳述）

若逢祿存，可增其土厚；逢龍池、鳳閣，可增加天府的美、威嚴與高貴；逢破碎，會破掉天府的地位、事業，有時比空劫還厲害。（因破碎會將天府的土破碎成一小塊、一小塊地，變得沒有價值。）

真正命好的條件要看：命宮、父母宮、田宅宮與福德宮。

天府對宗教的先天境界最高，但卻對儀式、禁忌不重視。

天府落入任何宮位均無失陷，且對任何煞星均有緩衝力而化災解難。如入子女宮逢煞，只不過是兒子難招，但女孩還是會有；再如入父母宮逢煞沖破，可能會有被他人收養意象，但卻會有好的收養環境，若再田宅宮漂亮，甚至會有繼承遺產之象。

天府對任何的六親均不會有虧欠，也不會有所缺失，在對待關係上，則是拿捏的恰恰好，不太過也不缺乏。

入兄弟：等於命坐太陰，相對待關係恰恰好；除非兄弟有成就、有事業，值得有開發生產，才會較有親密的交往。

入夫妻：配偶很顧家，能安內攘外，一般婚姻都不錯；等於命坐貪狼，由其男命，婚姻都很好。

入子女：子女敦厚，會認真地栽培子女；等於命坐巨門，而巨門之人是非常地愛護栽培子女，但有時也會有過份溺愛之意象。

入財帛：是為「府相會命格」，錢財不缺乏。

入疾厄：紫、府、梁，胃腸最好，除非逢煞；這與一般屬土之星所忌之身體疾病不同，它很會勤於保養身體，故有長壽之徵象。

入遷移：在外順暢有聲明；中年以後較有決斷性，敢當機立斷。（等於命坐七殺）

入僕役：亦兄弟同。會選擇較好的朋友，上司公正、公平。

入官祿：是為「府相朝垣格」全家食祿的徵象。非常的努力，程度更甚於天府坐命之人，成功率很高，但命宮常無主星，故人生中常有某些缺憾如資金不夠、魄力不足等，但很能開創自己的格局，若是逢有煞星進來，則更能激勵確定目標勇往直前。

入田宅：喜歡家庭平安穩定。逢煞，會先有波動，下輩子轉為安定。能守財、置產、為庫，也能守得住。

入福德：會有較好且中庸性的理念；但由命坐破軍，所以，還得與破軍（膽大冒險）的星性合參。故上半輩子較敢衝鋒陷陣，但下半輩子則轉為穩重、保守、安定、先安內在攘外之徵象。

入父母：父母不錯。

一般而言，天府落入十二宮均無失陷，不過加吉星且廟旺較好；逢煞星，較有災難，但它卻也可使災難降低。

三、相關星曜組合解碼

◎雙星意象解析：

府武：官印相生，富貴顯達，文武雙全。

府紫：個性樂觀進取，始終如一，風度翩翩君子。

府廉：堅持原則法制，敢愛敢恨，是非分明。

天 府	天武 府相	天 府	天紫 府微
天廉 府貞	天 府		天 府
天 府			天廉 府貞
天紫 府微	天 府	天武 府相	天 府

四、綜合整理

1.天府戌宮無煞湊，吉化相會，富萬金。

2.天府武曲居子午，更兼權祿富奢翁。

3.「府相朝垣」，食祿千鍾。

4.天府祿存昌曲會，巨萬之資。（但需田宅亦美）

5.天府昌曲左右會，高第恩榮。

6.府相為衣祿之神、為仕為官，主亨通之兆。

7.左府同宮，尊居萬榮。

8.女命若得紫微三合拱照，主為貴夫人。

9.女命若與四煞沖脅，則主六親鄉背、子息難招。

10.天府坐命，善於飲食，喜好美物。

11.天府坐命，中晚年易有發福體胖之象。

12.天府坐命無吉，父母宮又陷落逢破，易棄祖離宗。

太陰星

星名	太陰星
五行	中天
斗分	癸水（陰水）
化氣	富
所主	田宅主
人物	黃飛虎之妻

一、古賦文彙整

◎太陰星所主若何？

太陰乃水之精，為田宅主化富，與日為配，為天儀表，上弦、下弦之用（註一），黃道、黑道（註二）之分，勢尚盈虧，數定廟樂，以卯、辰、巳、午為陷，酉、戌、亥、子為得垣，寅為初出之門，卯為東潛之所。其為人也，聰明俊秀，其稟性也端細慈祥。上弦為要之機，下弦減威之論。

若相生坐於太陽，日在卯，月在酉，俱為旺地，為富貴之基。嫌巨曜以來躔，怕羊陀以照度。或廉貞而不犯，與七殺而交沖，恐非得意，必作傷親之論，除非僧道反獲禎祥。男為妻宿，亦作母星，決禍福最為要緊，不可參差。命坐限輝之宮，諸吉咸集，為享福得祖業之論。

若居陷地，則落弱之位。若上弦、下弦仍可，不逢巨門為佳。財帛為廟樂，武曲祿存同會，更得左右相佐，主大富。若在生旺之鄉，無休無敗，恐命身弱不得聚用。如破軍同居，不能旺為福，浮沉百出，成敗異常。若與刑囚煞會，主財散人離，終身孤剋。兄弟奴僕為陷宮，田宅為入廟，與左、右祿存蔭福同居，則承祖業而盛，在陷地，雖吉亦有好虧，若更暗曜來臨，刑星交併，產業恐傷，母亦分離，煞曜廉貞聚不當犯，流煞太歲交併皆不吉。男女宮值刑星，有制則生，有剋則頑。夫妻宮男為妻財，女則不論，逢羊、巨，則剋妻，唯光輝亦美，更以太歲流煞合之，方斷福禍。疾厄逢陀，晴為目疾，遇火、鈴為災，值七殺、貪狼則瞎目。遷移得吉聚，則為商旅中生財。身若逢之，則有隨娘繼拜或離祖過房之義。官祿得輝為福，無輝無用。逢昌、曲，清吉，則為登第之論。福德為陷，僧道宜之。相貌亦若光輝，逢刑會煞白虎、太歲，主母有災，妻亦慎之。

希夷先生曰：太陰化祿，與日為配；以卯、辰、巳、午、未為陷地，以酉、戌、亥、子、丑為得垣；酉為西山之門，為東潛之所，嫌巨曜以來躔，怕羊、陀以同度，廉囚相犯，七殺相沖（註三），恐非得意之垣，定作傷殘之論。此星屬水，為田宅宮主，有輝有福，失陷必凶。男女得之，皆為母星，又作妻宿。

若在身命，廟樂吉集，主富貴；在疾厄遇陀、暗，為目疾；遇火、鈴，為災；值刑、殺，損目；在父母，如陷地失輝，遇流年白虎、太歲，主母有災。此雖純和之星，但失輝受制，則不吉；如逢白虎、喪門、吊客，妻亦慎之。

註一：上弦、下弦之論說，《星平會海》卷二《二十四要法‧辯陰陽》有如是之解釋，曰：「凡初一、二、三、四、五日，戌、亥、子、丑生人，日月俱晦，如為宮、度、身三主，有二失，次者兼刑煞，犯則主孤獨，刑妻剋子，父母災晦論之；若二十六、七、八、九、三十日，酉、戌、亥、子丑生人，亦謂日月俱晦論之，皆不足取也。」」。

「晦」：月大三十日，月小二十九日。「朔」：每月初一是也。「上弦」：每月的初七、八。「下弦」：每月的二十二、三。「望」：每月的十五、六。

註二：日行黃道，隨四時變遷：春，黃道始於東；夏，黃道始於南；秋，黃道始於西；冬，黃道始於北。另有「五道」之說，即青道、白道、黃道、赤道、黑道。

註三：太陰星與廉貞、七殺二星，根據星曜排列法則得之，根本不會有同宮、三合，或是對沖的機會。因此，文中所指必然是為一在命宮、一在身宮而言。

◎太陰入命限吉凶訣

•太陰入男命吉凶訣：

太陰原是水之稱，身命逢之福自生；酉戌亥垣為得地，光輝揚顧姓名亨。
太陰入廟化權星，清秀聰明邁等倫；稟性溫良恭儉讓，為官清顯列朝紳。
寅上機昌曲月逢，縱然吉拱不豐隆；男為僕從女為妓，加煞沖殺到老窮。
太陰陷地惡星中，陀火相逢定困窮；此命只宜憎與道，空門出入得從容。

•太陰入女命吉凶訣：

月會同陽在命宮，三方吉拱必盈豐；不見凶殺來沖會，富貴雙全保到終。

太陰陷在命和身，不喜三方惡殺侵；剋害夫君又夭壽，更虛血氣少精神。

•太陰入限吉凶訣：

太陰星曜限中逢，財祿豐盈百事通；嫁娶親迎添嗣續，常人得此旺門風。

二限偏宜見太陰，添進財屋福非輕；火鈴若也來相湊，未免官災病患臨。

限至太陰居反背，不喜羊陀三殺會；火鈴二限最為凶，若不官災多破悔。

二、新解破譯

中天之主星，與太陽分管日月陰陽之境；屬田宅主，化氣曰富，為母，屬陰水，代表女性。（太陽代表男性）

就男命而言——，太陰為母、妻、女兒；就女命而言，代表母、自己、女兒。

廟旺：太陽寅——未太陰申——丑

落陷：太陽申——丑太陰寅——未

（寅、申二宮，為白天、晚上交接之處。）

日月之廟旺、落陷，是影響一個人命運好壞的重要因素，大體而言，廟旺，命好、享受快樂；落陷，辛勞。至於細膩的看法如下：

⑴看廟旺或落陷。

⑵看出生的時間。太陽喜白天，太陰喜晚上。

⑶看出生的日期。以太陰而言，接近十五日，月亮最圓最好，而其中又以二十六、二十七、二十八最不好。另若出生之日可看到月亮，亦可增加命格的強度；太陽亦可仿此類推。

⑷至於月份則較不重要。

•面貌特徵：

橢圓臉型。廟旺，皮膚白皙潔淨，中等身材，但有時會較矮，臉頰澎澎的，環境與各方面的條件也較好；若是落陷逢煞，則皮膚不光滑，反則黝黑現象。

個性較女性化，所以，若是女命則為標準的女人；而男命則為帶有女性化之徵象，較為文靜、也與女人較為接近、較受女性歡迎、有女人緣，女命同論。廟旺，條件都很好，沒有刑剋女性現象，如母親為細姨、或母早亡；另廟旺逢煞亦會有刑剋，這是屬雙方性的，如彼此不合，或甚至有生離死別之象。

註：女命刑剋自己，男命刑剋女性。

命坐太陰，會有自得其樂之徵象，且深懂人性、敏感，尤其是對女性的心理，也能激發女性的母愛。所以，往往有很多落陷或逢煞的太陰，很會且喜歡寄生在女性身上（指男命），而且女性本身也很願意讓其寄生。這是因為他太懂得女性的心理，當然，這還得看此女性的命格，若是廟旺則不會，然，他仍有女性的助力。

太陰會令人有憐惜、憐愛之氣息（與天同類似），也較感性、細膩，但沒有擔當，不敢冒險（若廟旺，有時會有）。

男命太陰逢煞，對女人較有刑剋，也較會欺負（騙）女性，寄生在女人身上；若無，則為互取所需之象。

一般較有魄力、擔當的星，大都會靜不下心來讀書，但太陰則可；這是因為其文靜；少部份落陷的太陰，體型為壯碩型，這就比較數有前途、有老闆格、有開創性的太陰，但這還得需會照太陽，此即是所謂的「日月反背」變景的格局。

太陰逢化權或逢煞（羊陀），會較具有拼冒險的精神。

（男性，特別是逢羊於午宮，或辰戌丑未宮尤驗。）

女命最怕落陷或逢煞忌（廟旺之地亦同），會有刑剋自己，至於程度如何，還得兼看福德宮之好壞而定。

男命太陰坐命逢煞落陷，福德宮為巨門，是其欺騙女性或寄生在女人身上；若是廟旺，則是對女性溫柔、婚姻美滿；若再加吉星，則為「蟾宮折桂」有因婚而貴之徵象。

太陰具有強烈的第六感，適合從事探討人性方面的研究，如哲學、心靈或超心靈學等；也往往會為通靈者，若是再受有高等教育者，則可成為大師級人物，否則僅為一個通靈者而已（逢凶化忌亦同）。

太陰、田宅主，所以，不論在何宮逢煞，均有主家宅不寧、或破財、或陰人有損。

太陰只要不落陷、不逢煞，大多會有置產的機會（有時逢化忌亦可）。

太陰逢火鈴，是為水戰剋之「十惡」格局，要注意燙傷或火災，以及種種的不幸。

太陰是為近海水之水，水量比天同水大，但比破軍水小。

太陰廟旺（或加吉星），於不動產方面，會逢到好時機（好房子、好地點、好價錢）購買，意可因此而大賺其錢。

最喜歡逢昌曲（太陽—文昌，太陰—文曲），可增加其智慧，可增加其讀書能力，而進到上階層。

任何的吉星均可使太陰出生環境變好，也能使其繼承的產業財富變多，尤其是所繼承的土地。

加魁鉞、祿存，均可增加其不動產的緣份（但若祿存落入命宮，反有「財多身弱」或孤獨之徵象）。

三台、八座，亦可增日月之光（類似昌曲性質）。

太陰逢煞，均為陰人有損、或家裡不安寧、或沒有房子住、或被人趕出家門、或賣盡花盡不動產，尤其是落陷的太陰，也包括化忌，但化忌有時會有「變景」之象。

逢羊，有生離死別之象（條件：太陰落陷逢煞忌、擎羊），但較有魄力，有開創的大格局，亦可能達到上上（獨霸）之境；逢陀，家中女人有拖磨。

廟旺對男命較好，若身宮落入太陽，則大多走群眾路線。

逢空劫，一樣漂蕩、具煞星之徵象，但有智慧。也會空之財物、家庭溫暖或是慨樂享受，而造成無可奈何之感慨；然若太陰廟旺（有受教育，屬高層次），反能成為天才，如思想家、科學家等。

太陰逢煞，有破壞性，無法如意地過其快樂的生活，但內心本性仍有此慾望，所以有很多女性因此而墮落風塵，求取依靠男人的現象、或遭男性折磨，故有「紅顏薄命」之俗諺。

太陰	天同 太陰	太陽 太陰	天機 太陰
太陰	太陰		太陰
太陰			太陰
天機 太陰	太陽 太陰	天同 太陰	太陰

太陰落入與人宮有關的地方，逢吉星，代表此處會帶給他快樂、安詳與助力的地方。

三、相關星曜組合解碼

◎雙星意象解析：

陰同：包容、謙虛、性情中人，情感豐富。

陰陽：先勤後惰，猶豫不定；日月同丑安命未者，具侯伯之才。

陰機：聰慧機伶，知所進退。

四、綜合整理

1.太陰居子是為「水澄桂蕚」，吉會，夜生人，富貴忠良。

2.「月朗天門」於亥地，財官雙美且能職掌大權。

3.太陰天機寅、申守命，主淫佚，縱使貞正、衣食不遂，宜作偏房或晚婚；若再逢昌曲同宮，宜防因故淪落風塵。

4.太陰陷地逢煞，必有人離財散，或一生坎坷不遇之象。

5.日月疾厄命宮空，腰駝目瞽殘疾生。

6.日月夾命、夾財，不權即富。

7.日月廟旺會昌、曲，出世榮華。

8.太陰火鈴同位於陷地，反成「十惡」。

9.日月為光明磊落之宿，為坦白無私之象。

10.太陰逢文昌，易有敏銳的第六感或喜研哲學、天體星系等學術。

貪狼星

一、古賦文彙整

星名	貪狼星
五行	壬水（陽水）、甲木（陽木）
斗分	北斗
化氣	耗
所主	福禍主
人物	妲己

◎貪狼所主若何？

貪狼北斗解厄之神，屬水，體屬金，化氣為桃花，為標準，乃主禍福之神，在數則喜和放蕩處，於人則矮小，主其性則機關，心多計較，隨波逐浪，受惡善，定奸詐，瞞人受學神仙之術，又好高吟，浮蕩疏狂，作巧成拙。入樂宮於艮位，其廟主旺宮，可為祥，可為禍。會破軍，亦戀酒迷花而喪命；同祿存、暗、耗，因以虛花；遇廉貞也不潔；見七殺，或配逐以遭刑；遇羊、陀，主漏痔病；逢刑忌，或見斑痕；二限為禍非輕。與七殺同守身命，女有偷香（註一）之態，男有穿窬（註二）之體。諸吉壓，不能為福。眾凶集，愈長其奸。以事藏機，虛花無實。與人交，厚者薄，而薄者反厚。故云：「七殺守身終是夭，貪狼入命必為娼。」若身、命與破軍同宮，更居天馬三合之鄉，生旺之地，男好飲而好賭博遊蕩，女無謀而自嫁，淫奔私竊，輕則隨客奔馳，重則遊於歌妓。喜見空亡，反主端正。

若與武曲同度，無人諂佞慳貪，每存肥己之心，並無濟人之意；與貞同宮，公庭必定遭刑。會七殺同宮，定為屠宰；羊陀交併，必作風流之鬼；昌、曲同度，必多虛而少實；與七殺、日、月同躔，男女邪淫虛花；巨門交戰，口舌官非常有，若犯帝座，無制便為無益之人；得輔、弼、昌、曲夾制，則無此論。陷地逢生，又主祥瑞，雖家顛沛，也發一時之財。惟會火、鈴，能富貴全美。在財帛宮，與武曲、太陰同，終非所喜，發則為淫逸。在兄弟、子息，俱為陷宮。在田宅，則祖業破蕩，初富後貧。男女非得之星，不見為妙。奴僕居於廟樂，必因奴僕所破。在夫妻，男女俱不得美夫妻。疾厄，與羊、陀暗殺交併，酒色之病。遷移，又入火鄉，逢破軍暗煞，並流年歲煞疊併，則主遭兵，被賊侵欺，貪污損人。官祿、福德、相貌，巧言令色，於斯可也。總而言之，男女非得地之星，不見尤妙。

希夷先生曰：貪狼為北斗解厄之神，陟明之星；其氣屬木，體屬水，故化氣為桃花，乃主禍福之神。在數，則樂為放蕩之事。遇吉，則主富貴；遇凶，則主虛浮。主人矮小，性剛威猛，機深謀遠，隨波逐流，愛憎難定。居廟旺，遇火星，武職權貴，戊、己生人合局。遇軍、相，延壽；會廉、武，巧藝；得祿存，僧道宜之。破、殺相沖，飄逢度日。女人：主刑剋、不潔；遇太陰，則主淫佚。

註一：偷香，其典故出自《晉書・賈充傳》，記載如下：「韓壽晉堵陽（河南方城）人，字德貞。美姿容，體勁捷。初為司空賈充之掾，充每讌賓僚，其女賈午窺見韓壽而悅之，潛修音好，呼壽夕入，壽踰垣而至，家中莫知。時西越貢奇香，一著人則經月不歇，帝惟賜賈充，賈午密盜以貽韓壽。充覺，考問其女左右得實，遂以午妻壽。官至散騎常侍、河南尹，元康初卒。」

註二：穿窬者，爬牆穿壁以行竊。《論語・陽貨篇》載曰：「其猶穿窬之盜也歟？」朱熹註：「穿，穿壁；窬，踰牆。」

◎貪狼入命限吉凶訣

•貪狼入男命吉凶訣：

四墓宮中福氣濃，提兵指日入邊功；火星拱會誠為貴，名震諸夷定有封。

貪狼守命同羊宮，陀殺交加必困窮；武破廉貞同殺劫，百藝防身度歲終。
四墓貪狼廟旺宮，加臨左右富財翁；若然再化科權祿，文武才能顯大功。

•貪狼入女命吉凶訣：

四墓宮中多吉利，更逢左右方為貴；祿財豐富旺夫君，性格剛強多志氣。
貪狼陷地女非祥，衣食雖豐也不良；剋害良人並男女，又教衾枕守孤孀。

•貪狼入限吉凶訣：

北斗貪狼入限來，若還入廟事和諧；科權仕路多成就，必主當年發橫財。
貪狼主限四墓臨，更喜人生四墓地；若見火星多橫發，自然富足冠鄉親。
限至貪狼陷不良，只宜節慾息災傷；賭蕩風流去財寶，吉曜三方可免災。
女限貪狼事不良，宜懷六甲免災殃；若無吉曜來相會，須知一命入黃泉。

二、新解破譯

屬水、木，實屬陽木，即表面的木，偏重在枝葉。（天機陰木，偏向於根。）又為水木，故偏重於漂浮在水上的木、或是浮在地上之木；就因為根為水，木表現在地面，故有隨波逐流之意象。

由於貪狼的不定性，所以對於從事事業的性質，往往是那裡適合他，即往那裡去之象。亦有寄生之象（如浮萍），所以也會從事具有寄生性的行業，性格亦然，如賭博、靠女人生活、毒品等寄生性質（屬低級）；另如商場上，如直銷、買賣仲介等；金融上的寄生如賺匯率上的差額等（以上屬高級），不論是高級或低級均屬於不事生產之典型。

若是偏向形而上者，則為有藝術才華之傾向，但仍屬不實用型。

它的寄生是屬於極盡可能的寄生，甚至會腐蝕主體，只要它能生存即可，所以可說是老奸巨滑的徵象。

又屬慾望之神，所以，人類一切的慾望貪狼均有，而且是提出與提供者，如經營娛樂事業、酒色、賭場或才藝等。

它也是最能抓住掌握人類慾望的心，如流行趨勢等。

貪狼屬水木，為漂蕩的木，為寄生的木，因此，個性、職業屬多變性；天機為陰木、為根，是固定不變的。

貪狼坐命者，有的也會生根，但早期仍然漂蕩（屬少部份），如開工廠，從事生產事業成就大。

貪狼最會察言觀色，最懂得人性，也是最瞭解人性的慾望，也會盡可能地滿足自己的慾望，如犯了錯被人察覺，他會檢討錯在哪裡，以求下次更為高明的方法；能見人說人話，也能見人說鬼話，故人前人後有完全不一樣的表現。因此，一般而言長大成人後的貪狼，可真謂「功力深厚」。

有些貪狼喜歡命理、宗教，因為這些也能提供人類慾望的滿足，而且他學的很快，也能很快地抓住重點，且能確實掌握人性的弱點與需求，而據此發揮應用；然而，對於一些如佛經之類，由於沒有確實的利益慾望效果，他絕對不會去看、去研究的。

好學但不精——基於慾望與好奇心所致，對於只要不知道的東西都想學、也好學多檢討，因此，他犯錯會愈來愈少，可惜的是每一樣都無法深入專精，故年紀愈大的貪狼，幾乎快到成精的境界了。

貪狼體質堅韌異於常人，且非常會養生，故有長壽之徵象，是偏向道家典型的人物；又是最會作怪的星，也沒有法律的觀念，且愈老愈花俏、愈成精、愈愛玩，任何的吃喝嫖賭都有興趣；又喜歡喝酒，但是為有技巧的喝，不大容易喝醉（甚至不會醉），另外如武曲、破軍也很會喝，但卻屬憨膽猛喝，所以，經常會有爛醉如泥的窘態。

貪狼主禍（提供壞的慾望）、福（提供好的慾望），是人類一切進步的泉源，亦是罪惡的淵藪。而最大的福氣也是貪狼所提供，因其永遠與天同暗合，故亦具天同一切個性的展現，但貪狼較為圓滑。

「貪狼禍福之判斷法」參考：

• 眼神具有桃花相、不正派、挺帶邪氣的。

• 食物判斷：

肉食性者，慾望較多，心眼多複雜。

素食性者，慾望較少，心眼也比較單純。

大致而言：

• 專為禍：天生即沒有臉皮、道德觀，凡事只求達目的甚至將自己的快樂建立在別人的痛苦上。

●專為福：相當地善良且不時在造福，很愛護子女（別人的亦同），比天府還勝之（天府只愛自己的），也具有同情心。

●為福又為禍：一般屬此型的貪狼居多，前二者較少。如白天在做老師也很盡心賣力的教學，也教的很好，很受大家的讚賞歡迎，但是，晚上卻流連風月場所、喝酒戀花。這就是白天為福，晚上為禍的典型。

貪狼的性格是隨著慾望在變化，這不單指肉體上的慾望而已，其它方面亦同。所以，他最需要接受教育的薰陶及改良，但卻又很難教，因為他總是喜歡自己去嘗試。是故，貪狼的教育是屬於一種得經常能滿足其慾望的教育，而一般填鴨式的教育對他無效。

貪狼生性圓滑、有「變色龍」之描繪，是能適應環境變化，故於黑白二道均能暢通無阻；可是在大前題之下，必須得對他有利，才會有此徵象。

※未來有論到貪狼時要特別注意，不要受到其無形的玩弄，如拿一張死人命盤來論，或是論東說西、言詞閃爍不明。

貪狼生命力很堅韌，最能承受打擊刻苦耐勞，環境愈是動亂不定，他反而可以盡情地發展；精力能猶如核能電廠般地源源不絕，甚至於到了老年仍不減弱。

貪狼是一顆可共患難、不可共享樂的星，所以一旦有了成就，它就會燃起他的慾望（計較、設計）。若逢煞時，代表著一生運途中有許多惡劣的環境需要他去解決克服，所以展現的精力、毅力會特別地旺盛，有時還會不惜犧牲自己的身體；不逢煞的貪狼也能刻苦耐勞，也較有成就，如有加吉星或廟旺，其慾望很容易實現。然而，並非加吉星即是為「福」的貪狼，不可執此判斷。

貪狼對身體疾病的忍耐力很高，甚至於有時到了死亡的邊緣，仍然能活過來，因此「奇蹟」經常會出現在他們的身上。

貪狼在命、身、疾厄，容易引起性病或是腎水不足，是為長期性的病症，另亦會因透支太多而造成心律不整，或肝膽方面之疾病。

貪狼在田宅則較為勞累，因為它要去培育他的家庭、滿足他的家庭之故。（由於屬木，他要自立地將其家庭培養茁壯。）若是加了太多的桃花星，則家裡有桃花現象，故賦文云：「紅鸞羞逢貪宿」，代表著不是家有紅杏出牆、即是自己有外遇之象；若逢煞，表家較難栽培，或會有重大的變故；逢火鈴，家中定有一段清苦貧窮的時期，然後再發顯。

貪狼在福德（天府坐命）逢煞，則有不擇手段只求滿足慾望之徵象。

貪狼在父母逢煞（尤其是羊陀火鈴、化忌），則可能將一切不良的習性全遺傳給你，甚至必要時會先犧牲子女，此時就得看太陰（坐命）廟旺或落陷以及與田、福同參看；如果命、田、福都好，只父母貪狼坐，則可能父母為勞動階級。

貪廉 狼貞	貪 狼	貪武 狼曲	貪 狼
貪 狼	貪 狼		貪紫 狼微
貪紫 狼微			貪 狼
貪 狼	貪武 狼曲	貪 狼	貪廉 狼貞

三、相關星曜組合解碼

◎雙星意象解析：

貪武：堅守本分，性情中人，大器晚成。

貪紫：創造力強，聰明機變，物質慾望濃烈。

貪廉：性情不定，牆頭草，曖昧慾望。

四、綜合整理

1.貪武不發少年人，無吉、為人諂偽奸鄙，每有肥己之心、無濟人之意，也沒有負責之心。

2.紅鸞差逢貪宿，淫奔大行、無媒自嫁。

3.行限遇貪宿號曰「風流彩杖」。

4.貪遇羊陀居亥子名為「泛水桃花」，多妒嫉、逢祿馬亦不美。

5.貪宿加吉坐長生之地，壽元百齡。

6.女命貪狼多妒嫉，空劫桃花少，但為人奸詐狡猾。

7.貪狼陷地加耗星則妙手空空；女命則寄青樓，人稱奇女。

8.此星子午居命，才華洋溢、博學多聞、善談機智、八面玲瓏，唯有始無終、十學九不精；女命善嫉好虛榮。

9.寅申居命，靈巧善變、風流成性、多才多藝善交際、博學廣識、高傲又貪權勢、好名利；加魁鉞，政壇成名。

10.此星入命，喜研五術、宗教、玄學。

11.貪狼是一顆屬偏財兼橫財之星。

12.貪狼與昌、曲同度，古賦文云：「遇正事顛倒」，即為人多虛不實、言語吹噓。（若學問讀的夠高、夠水準，可袪此詬。）

13.貪狼與七殺分守於身、命，男有竊盜習性，女有偷香淫巧之醜聞；於陷地，吉多亦不能救，煞聚更藏其奸、為人無情；若與破耗分處於身命之地，男好花酒賭博與遊蕩而破產，女則淫奔而無媒自嫁或落風塵，若再逢羊陀多作風流之鬼。

巨門星

星名	巨門星
五行	癸水（陰水）
斗分	北斗
化氣	暗
所主	品物主
人物	馬千金

一、古賦文彙整

◎巨門所主若何？

巨門屬金、水，北斗第二星也。陰精，化氣為暗，在天司品萬物，在數掌是非，於人主暗昧，疑是多非，進退離開，欺瞞天地。其性則面是心非，六親寡合，交人初善終惡，十二宮若無廟樂照臨，到處為災，主奔波勞碌。守財帛，亥、子、丑、寅，為禍稍輕，身命逢之，一生遭口舌之殃；守財帛，則有爭競之憂；居兄弟，則骨肉不足；在田宅，則蕩敗流離；守奴僕，則多怨逆；值妻妾，主於隔角躔；疾病遇囚忌，主眼目之憂，更臨煞，必主成疾。遷移多招是非，入官祿則苦刑杖，臨於相貌，遭人棄擲。如會太陽，吉凶相半；更逢七殺，決諸殺傷；與貪狼同，因奸出配；逢帝座，則制其性；遇祿存能解其虛，左右亦可。值羊陀，男盜女娼，身命逢之為忌；對宮火鈴白虎共伴無帝祿，決配千里。殺湊重逢三合也，遭水厄之殃。此是獨介之宿，剋祿之星，除為僧盜九流，方免勞神偃蹇；限逢凶曜，災難不輕。

希夷先生曰：巨門在天司品萬物，在數則掌執是非。主於暗昧，疑是多非；欺瞞天地，進退兩難。其性，則面是背非，六親寡合，交人初善終惡。十二宮中，若無廟樂照臨，到處為災，奔波勞碌。至亥、子、丑、寅、巳、申，雖富貴，亦不耐久。會太陽，則吉凶參半；逢七殺（註一），則主殺傷；貪、耗同行，因奸徙配。遇帝座，則制其強；逢祿存，則解其危；值羊陀，男盜女娼。對宮遇火、鈴、白虎，無帝座、祿存，決配千里；三合殺湊，必遭大厄。此乃孤獨之數，刻剝之神，除為

心理病症居多，故最好能多接觸大自然為佳。

一般命身疾坐巨門逢煞忌者，大都身體衰弱且檢查不出毛病，這徵象宜多注意小心。

巨門入僕役必命坐破，多陷害別人，但也很講義氣，除非扛得起否則一定全部拉入陷害。

巨門入官祿，很少會經營光明正大的行業。如律師、檢察官、政治、土木工程（大型長方型如水溝）、學者專家、醫生、教師、軍事天才（子午卯酉、廟旺且化忌，處亂世）。一般而言，這種巨門在外講夠了，回到家就能安靜了。

巨門逢太陽，雖有水火戰剋之象，但由於太陽的火能將巨門陰水的能量展現出來，所以，反能激發巨門潛在的能力與才華。

三、相關星曜組合解碼

◎雙星意象解析：

巨同：神氣內斂，木訥，拙言詞，先勞後逸。

巨門	巨門	巨門天同	巨門太陽
巨門	巨門		巨門天機
巨門天機			巨門
巨門太陽	巨門天同	巨門	巨門

巨陽：進取，競爭，先勤後惰（日落西山）。

巨機：是非條理分明，頭腦清晰，學識淵博，喜新事物。

四、綜合整理：

1.巨日寅宮立命申，先馳名而後食祿。

2.子午巨門科權祿，「石中隱玉」福豐隆。

3.巨在亥宮日居巳，食祿馳名。

4.巨門羊、陀於命身，疾病羸黃。

5.巨、火、擎羊，終身縊死。

6.巨梁身命，敗倫亂俗。

7.巨機卯酉守身命，雖主富貴，但不免淫佚或易有感情之憾事。

8.女命，羊陀同守陷地，主淫娼或易壽夭凶亡。

9.巨門逢（陰）煞，易有第三類接觸。

10.巨門廟旺，很會讀書；落陷，很用功但總是讀不來，逢昌曲則可增加巨門的功力。

11.巨門不怕空劫，反而能化掉巨門的很多是非。

12.巨門坐命者，最好能早自靈修善道。

天相星

星名	五行	斗分	化氣	所主	人物
天相星	壬水（陽水）	南斗	印	官祿主	聞太師

一、古賦文彙整

◎天相所主若何？

天相屬水，南斗司爵之星（註一），為福善，化氣曰印，是為官祿文星，佐帝之位。若人命逢之，豐厚從實，至誠無妄，言語端實，事不虛為，見難則惻隱之心，見人有抱不平之氣。官祿得之，則顯榮。帝座合之，則爭權。

能佐日月之祥，兼化廉貞之惡。身命得之而榮耀，子息得之而續昌，十二宮中皆為祥福，不隨惡而變志，不因煞而改移，限步逢之，富不可量。此星若臨生旺之鄉，雖不逢帝座，若得左右，則助其威權，或居閑弱之地，也作貴論，二限逢之富貴。

希夷先生曰：天相，南斗司爵之星，化氣為印。主人衣食豐足，昌、曲、左、右相會，位至公卿；陷地貪、廉、武、破、羊、陀殺湊，巧藝安身；火、鈴冲破，殘疾。

女人：主聰明端莊，志過丈夫，三方拱照，以封贈論；若昌、曲冲破，侍妾。在僧道，主清高。

註一：天相星為南斗第五星，古稱作「司祿鎮嶽上相天相星」。

◎天相入命限吉凶訣

•天相入男命吉凶訣：

天相星辰邁等倫，照守身命喜無垠；為官必主居元宰，三合相逢福不輕。

天相吉星為命主，必定斯人多克己；財官祿主旺家資，權壓當時誰不美。

天相之星破武同，羊陀火鈴更為凶；或作技術經商輩，若在空門享福隆。

•天相入女命吉凶訣：

女人之命天相星，性格聰明百事寧；衣祿豐盈財帛足，旺夫貴子顯門庭。
破軍七殺來相會，羊陀火鈴最所忌；孤刑剋害六親無，只可偏房與侍婢。

•天相入限吉凶訣：

天相之星不主財，照臨二限悉無災；動作謀作皆遂意，優游享福自然來。
天相之星有幾般，三方不喜惡星纏；羊陀空劫重相會，口舌官災禍亦連。
限臨天相遇擎羊，作禍興殃不可當；更有火鈴諸殺湊，須教一命入泉鄉。

二、新解破譯

南斗，陽水，水量較大；入福德，下半輩子很享受；若入田宅，而父母宮再漂亮，可得父母大筆遺產。

一般屬水之星均較為愛漂亮，且具智慧，腦筋變動比較快，一生運途變化亦較大，一般較傾向於服務業。

專司衣食（天相主衣食，天府主食祿，故若命身宮分處相府，一生衣食無缺。）化氣曰「印」，表現出一種印章的氣數（也代表真正的印章），也是智慧與權力的象徵，如秘書性質；職位重要、為官祿主，故不但很喜歡有一個好的事業，且非常地重視之，當然最喜歡落入官祿宮。

在數司爵，行運變化較有好的機緣，也是一種善的福氣，幾乎十二宮無失陷，屬穩重敦厚型，能降服廉貞，一般屬水的星較為軟弱，但天相則否。

天相是一顆理智與情感很能調和的星，若天相坐命，三方會天府（居財宮）。本身即為和事佬，智慧傾向統合、分析與收集，理工能力也很強。

天相身材較發胖，臉型長，下巴微胖圓，顴骨較厚重，所以，處事果定；因屬衣食，故很好飲食，也喜歡吃，也會挑食（瘦弱的天相），也愛漂亮，如若再逢龍池、鳳閣，則為美食專家。

對於煞星的忍受力不高，怕火鈴，不怕空劫；逢陀，則出生環境降低，事業、運途運亦降低；若不逢煞，則有高尚的工作環境、高職位，出生榮華的機會比天府還要大（天府必須努力才能得到）。

屬自信的星，但也帶一點鐵齒，所以，不容易相信命運鬼神之說（與天府有點類似），除非身宮坐入殺破狼，或是逢煞，或遇到挫折，才會相信；個性穩定不輕浮，有家庭責任，也很自量力而為，必先攘內，後再向外發展。

天相是上蒼早就已賦予他所有的能力，因此不管是廟旺或落陷，加吉星或不加吉星都一樣，不需再另外畫蛇添足。

逢魁鉞，不一定能出世榮華，但能受到好的出生環境、好的栽培，也能有較好的成就，真可謂是天之驕子。

逢昌曲，有美感，有特殊的才華或專業技藝，如藝術家、設計師、或為師字輩的人物。

最愛逢左右，使其具有左右手能替其發號司令，但儘管如此，若無左右，其成就也不會低於加了左右的格局。

若天相加了二顆以上的吉星，反成為中等的資質且較虛。

逢煞，是最怕火鈴（水火戰剋），命運上會有很多的遺憾，如不論男女，大多會有身體上的殘疾，或男命多事業之遺憾而無法享受清閒，女命則多婚姻不好，最易成為偏房或運程不穩定（臉型較瘦）。

女命天相容易有同性戀（命身宮），也較沒有傷害性。

女命天相入疾厄逢火鈴，易造成殘疾或身體衰弱；逢羊陀，亦如上，不過較偏向於流行性的疾病居多。

天相能降伏廉貞，但卻無法降伏其他的煞星。

女命天相旺夫益子，可成為貴夫人，也可能為細姨，這得看命宮，不能逢煞，也不能加太多吉星，而丈夫一般都較為享福、有包容心。

命坐相，福坐七殺，觀念上帶有七殺的特性，有必要時，也很現實，也很敢冒險、孤注一擲；至於女命則非常危險，不能有煞，否則婚姻不利（命宮），但福宮喜加吉星。

女命坐相、夫坐貪，也是桃花星，福破變奸詐，若夫沒有破則仍舊顧家，但晚上會變成另一個人（風花雪月）。女命夫逢煞，則不利於婚姻，若身宮逢殺破狼，則存有很多不特定的變動。

行運走天相不逢煞，則此步運限定會有好的發展。

天相（官主）會擎羊或廉貞化忌是為「刑囚夾印」，有官司之災；逢羊、陀、火、鈴、白虎、天刑、官符等，均有機會吃官司（天刑若無逢煞，可能是自己掌管官司之權柄）。

天相逢桃花，是為如意桃花，逢煞，則為不如意桃花。

天相之遷移為破軍星，故會有開創之局面，但其中仍是具有大起大落、變動不定之徵象（因福坐七殺），尤其是以身宮落入殺、破、狼，則變數更大，是故最忌遷移有煞，而夫官線再破，則一生會有漂蕩、一事無成之遺憾。另，若天相在官祿無主星，則易有事業無定且不知朝何處發展之徵象。

「府相朝垣」所朝之所在宮位，即為我們一生最努力的地方，若無正曜，表沒有代價；有吉星，表努力有代價；為煞星，有代價、有辛勞。

（看命盤，首重格局，無格局，命無大作為。）

天相逢空、劫，錢財上易有損失。女命，婚姻有問題；逢煞則有遺憾，以火、鈴尤最，羊、陀其次（但巳、午及四墓宮例外）。

天相	廉貞 天相	天相	武曲 天相
紫微 天相	天相		天相
天相			紫微 天相
武曲 天相	天相	廉貞 天相	天相

三、相關星曜組合解碼

◎雙星意象解析：

相廉：善惡公正，貴人多助，官商皆宜。

相武：聰慧，多才多藝，理財規劃一流。

相紫：建設破壞兼具，表裡差距不一，平衡點的維持。

四、綜合整理：

1.天相、廉貞、擎羊會是為「刑囚夾印」，多招刑仗難逃「牢獄之災」。

2.天相、昌、曲，女多侍妾。

3.天相丑、未、亥不貴，子、午、卯、戌，皆少福。

4.女命，羊、陀、火、鈴、沖破，一生有遺憾，且婚姻不美。

5.天相入疾厄逢煞（火、鈴），命宮陷弱無吉，女命易為風塵女，亦主性生活強盛。

6.天相、天姚同宮，桃花多（不逢煞，如意；逢煞，不如意。），亦主性生活強盛。

7.天相入子女，子女二—四位。

天梁星

星名	天梁星
五行	戊土（中性土）
斗分	南斗（中天）
化氣	蔭
所主	父母主
人物	李靖

一、古賦文彙整

◎天梁所主若何？

天梁屬土，南斗司壽之星也，化氣為蔭，福壽，乃父母之主，宰生殺之權，於人則性情磊落，於相貌則厚重溫謙，循直無私，臨事果決，蔭於身命，福及子孫。遇昌曲於財宮，逢太陽於福德，三合乃萬全，聲名顯於王室，職位臨於風憲。若逢耗曜（註一），更會天機，宜僧道清閑，亦受王家制誥；會貪狼同度（註二），而亂禮亂家。居奴僕、疾厄、相貌作豐餘之論。見廉貞、刑忌，必無災剋之凶，若遇火鈴、刑暗，亦無征戰之擾。太歲沖而為福，白虎臨而無殃。論而至此數，決窮通之論也。命或對宮有天梁，主有壽，乃極吉之星。

希夷先生曰：天梁，南斗司壽之神，化氣為印、為壽，佐上帝威權，為父母宮主。主人清秀溫和、形神穩重、性情磊落、善識兵法。得昌、曲、左、右加會，位至台省。在父母宮，則厚重威嚴；會太陽於福德，極品之貴，戊、己生人合局。若四殺沖破，則苗而不秀；逢天機、耗曜，僧道清閒；與貪、巨同度，則敗倫亂俗。在奴僕、疾厄，亦非豐餘之論。廉貞、刑忌見之，必無克敵之虞；火、鈴、刑暗遇之，亦無征戰之撓。太歲沖而為福，白虎會而無災；奏書會，則有意外之榮；青龍動，則有文書之喜；小耗、大耗交遇，所幹無成；病符、官符相侵，不為災論。女人：吉星入廟，旺夫益子。昌、曲、左、右扶持，榮華富貴；羊、陀、火、忌沖破，刑剋、招非、不潔。僧道宜之。

註一：天梁與破軍絕不會有合沖照之現象，是故，文中所指之「耗曜」，鐵定不是

破軍。若是對照上下文，此「耗曜」，應該是指「天殤」而言，如此才有看破紅塵，僧道清閒的境界。

註二：天梁與貪狼不可能處於同宮位置，故此處所謂的「同度」，應該是指著大、小二限之逢會而言。

歌曰：

天梁原屬土，南斗最吉星。化蔭名延壽，父母宮主星。田宅兄弟內，得之福自生。

形神自持重，心性更和平。生來無災患，文章有聲名。六親更和睦，仕宦居王庭。

巨門若相會，勞碌歷艱辛。若逢天機照，僧道享山林。二星在辰戌，福壽不須論。

◎天梁入命限吉凶訣

・天梁入男命吉凶訣：

天梁之曜數中強，形神穩重性溫良；左右曲昌來會合，管教富貴列朝綱。

天梁星宿壽星逢，機日文昌左右同；子午寅申為入廟，官資清顯至三公。
天梁遇火落閑宮，陀殺重逢更世凶；孤刑帶疾破家財，空門技藝可營工。

•天梁入女命吉凶訣：

辰戌機梁非小補，破軍卯酉不為良；女人得此為孤獨，剋子刑夫守冷房。

•天梁入限吉凶訣：

天梁化蔭吉星和，二限逢之福必多；若加吉曜逢廟地，貴極一品輔山河。
限至天梁最是良，猶如秋菊吐馨香；加官進職迎新祿，常庶逢之也足糧。
天梁守限壽延長，作事求謀更吉昌；若遇火羚羊陀合，須防一厄與家亡。

二、新解破譯

天梁星，屬陽土，但偏向於中性土。

天梁，有耕耘，但不見得隨即見效，然而一旦收穫會呈現不可思議的收穫；天府，是一分耕耘、一分收穫。

天梁是主庇蔭，有天的、人的等之庇蔭，它之所以能逢凶化吉，完全是在於它在人事上的庇蔭之德，而受上天之庇蔭（即陰德）。至於它庇蔭的對象是不分的，不管認識與否，它均能去庇蔭。

天梁往往於佈施後，即經常會有橫財、偏財進來，或是有意外且不可思議的收穫；雖曰如此，但若不再繼續行功積德，則以上天所賦予的種種亦隨即停止（天、地、人均算，即蔭財是也）。

天梁為宗教之星，亦為服務之星，它的宗教思想較為虔誠，（天同僅想求神明保佑，無虔誠尊敬之心；天機是屬有計畫的信神，主要在求往生之後的境遇。）亦是醫藥之星（天同偏方且多副作用，天梁為較為正統的醫療）、長壽之星。

※論斷天梁必須先看其是否有佈施，如在人事上、情感上等等，否則照常有災害。

天梁逢煞，一定會有凶險，但若有做功德，則可逢凶化吉；若逢吉星，但卻沒有去做功德佈施，則亦不會有所庇蔭。

天梁坐命者，從小就擁有較為老成世故之徵象；加吉星，一生運途較好且平坦順遂；逢煞，較易走向不平坦的道路，或者出生在貧窮的家庭，或者是需為前途而艱辛勞碌。

與太陽同屬中天星曜，故亦有太陽般的人生，行至中年會有一個大的轉變，且能擁有較為特殊的技能才華。一般而言，大約在第四步運開始有轉變，至於是好是壞？不能僅以加吉星，或逢煞來論斷其成就，尤其是廟旺的天梁。

天梁逢煞，容易激發其潛能，但也易使其走向正邪不分的道路。

廟旺的天梁，不能加過多的吉星，否則過旺則折，反而會有人生方面的遺憾，或僅平庸而已；至於落陷加吉星無妨，加多數的吉星可使其平安且長壽。

廟旺的天梁，不但有地位、財富，且具影響力（權力）；落陷的則無，也沒有氣魄，若再逢煞，則會有財富、感情上的遺憾。

廟旺的天梁，不見得走正路或善良的路，由於它亦是一顆屬偏財、橫財的星，所以，往往亦具有貪狼的際遇，如賭博、販毒等，但由於是屬「機月同梁格」之氣數，因此沒有「殺破狼」般的強迫與惡勢力。

很多天梁坐命者，是為黑道的大哥大，且走私、販毒樣樣俱來，又善於謀略策劃，因此能左包右包而成為首腦人物；然而天梁不像太陽黑、白二道不選擇，一律

爵祿凌散。二限會身命，煞三合對沖，雖祿無力。秘經云：「七殺居陷地，沉吟福不生。」是也。二主值之，定歷艱辛，二限逢之，遭殃破財。遇帝祿而可解，遭流煞而愈凶。守身命，作事進退，喜怒不常。左、右、昌、曲、天府入廟拱照，掌生殺之權，富貴出眾。若四煞、忌星沖破，巧藝平常之人。陷地，殘疾。

女命：旺地，財權服眾，志過丈夫。四煞沖破，刑剋不潔。僧道宜之，若煞湊，飄蕩、流移、還俗。

註一：「風憲」於今日而言，即監察院中之監察委員是也，古稱為「提刑按察」，主要的任務在於宣導法令。

註二：倒限就是所謂的「死限」而言。

歌曰：

七殺寅申子午宮，四夷拱手服英雄；魁鉞左右昌曲會，權祿名高食萬鍾。

殺居陷地不堪言，凶禍猶如抱虎眠；若是殺強無制伏，少年惡死到黃泉。

◎七殺入命限吉凶訣

• 七殺入男命吉凶訣：

七殺寅申子午宮，西夷拱手服英雄；魁鉞左右文昌會，科祿名高食萬鍾。
殺居陷地不堪言，凶禍猶如伴虎眠；若是殺強無制伏，少年惡死在黃泉。
七殺坐命落閑宮，巨宿羊陀更照沖；若不傷肢必損骨，空門僧道更興隆。

•七殺入女命吉凶訣：

女命愁逢七殺星，平生做事果聰明；氣高志大無男女，不免刑夫歷苦辛。
七殺孤星貪宿逢，火陀湊合非為貴；女人得此性不良，只好偏房為使婢。

•七殺入限吉凶訣：

二限雖然逢七殺，從容和緩家道發；對宮天府正來朝，仕宦逢之名顯達。
七殺之星主啾唧，作事艱難俱有失；更加惡曜在限中，主有官災多疾病。

二、新解破譯

屬陽火金，是為經過火煉金的過程而呈現浴火鳳凰般的成就與豔麗；與武曲均屬金，亦均具有「孤」的意象。

※武曲與七殺比較：

（一）武曲：未煉過的礦產。

七殺：已煉過的金，較富感情，成功了不孤，失敗的才孤。

（二）武曲：腳短，身體長。臉方型。

七殺：腳長，身體短。臉長型。

七殺看下巴，呈尖型為成格，但大多為推銷員；若呈長型且有力（戽斗），意志力很強，會煉金，成就大。

七殺若眉骨突出有力量，可能會出現劍眉、刀眉（而武曲不會，是為顴骨露出來。）眼神很銳利會發亮，尤其在激發潛能之時為最（武曲不會）。

武曲屬戰略性格、為評估；而七殺屬戰術性格、屬打帶殺之方式，如推銷員、保險業，是一種只做一筆即完了的事業。

七殺的性格有喜怒無常、進退不一的現象，因為在火煉金的過程中，金會熔化成流質，而能隨意變成任何形狀，但武曲金不會。另，七殺的攻擊力大多是朝向外的，只看前，不管後。

七殺具有俠骨的性格，落入僕役很講義氣；但卻有很多的七殺，將這一份的俠骨柔情，尤其是柔情發揮在異性身上。再者，七殺具備了暴發力強且精力用不完，但卻不持久的特性，而武曲則具有持久力，因此七殺的花樣不但多且經常在變換，而武曲卻始終如一，這就是一為陽金、一為陰金的差別。

七殺喜歡刺激且精力旺盛，故經常會發生打架、賭博等具刺激性質的事情；武曲喜歡冒險性，但必須在經過其評估的範圍內，因此不會像七殺去賭博發洩。

七殺性格急，追求眼前的利益，否則馬上轉移陣地，如愛情的獵人；武曲性格急，但眼光較遠，不甚注重眼前的利益，較有長期投資性。

七殺對婚姻，因夫宮坐天相，所以，多持重視且願意付出之徵象，但女命則不一定是助先生；武曲一般校易得妻財、得助力，女性反而要助其先生。（由於兩者均屬孤剋之星，但武曲是一種長期的孤剋、或因財而引起婚姻問題；而七殺的婚姻問題卻是因錯綜複雜引起的。）

七殺會發動戰力（武曲不會），所以婚姻問題上較有肢體動作的展現如打架、虐待配偶等情事。

在事業、金錢上，七殺為兩極化，逼急了甚至會走上法律邊緣，逢煞，尤其明顯；又主成敗，成者為王、敗者為寇，成者為豪放、敗者孤剋計較，會有危險；武曲則是單一性格。若行運走到七殺，亦會有成敗抉擇之象，逢吉星，成功率較大，遇煞星，則較易失敗。

「殺破狼格」，貪狼的慾望會帶動七殺的行動，而慾望的好壞則可決定七殺的生死，如身體上、感情上、或事業上等。

有些七殺本身即是操生死的，如軍警人員、外科醫生、屠宰業者（逢煞），殺的少者、滿臉橫肉，殺的多者、面貌清秀。

七殺的人往往會有酒窩且笑容迎人，這是一種特有的偽裝面貌，且此時可能正是他想展現目地的一種手段表現而已。

雖然七殺加吉星，命（運）會較好，但卻也因此不敢去做開創冒險的事情，反為礙手礙腳之徵象，這就如同一把經裝飾過的刀，不捨得拿出來亂砍一般，所以單獨的七殺，反而較具有拼鬥性；若逢煞星，主死亡、失敗，一生運途非常不好，尤其最怕「財多身弱」。

七殺屬骨架，特別是脊椎骨，所以骨架不佳之七殺人，沒有威力、暴發力與雄心大略（很多變形的七殺為侏儒、駝背）。

七殺逢羊陀火鈴，大多為百工巧藝之人。逢羊陀，會有因財持刀或戰鬥之象（不是搶人，就是被搶）；逢火鈴，為劫財（劫人財或被人劫），會造成火剋（煉）金之象，但大多卻把此精力用在異性身上。

七殺逢空劫，會有特殊的成就，但是，要注意突然的脆裂（因會空亡掉它的威力）。

七殺的兒子為文昌，所以，有很多的七殺很會讀書，但要防英年早逝；至於大多數的七殺不喜歡讀書，且認為讀書無用，必得靠自己打拼戰鬥換來利益。至於有代昌曲的七殺，較易朝文學讀書上發展，若命即帶有，可能為天才（文學），若三方，則為科學或專技上之天才。

遇天魁（為鬼王）、屬火，無損七殺男子漢的氣概。

逢天鉞則太軟，運途雖好，但易造成高不成、低不就的現象，最好能擁有一技之長，或為軍警界，否則命運變化多端很不安定。

七殺一般無祖蔭，也較無資源，凡事都得靠自己白手起家，而武曲則有。

七殺坐命之人，很少人能真正進入其內心世界，婚姻上，雖然對妻子極盡照顧之責，但卻仍帶著極重的刑剋。

最喜歡逢屬土之星，尤其是紫微，可與七殺合、為「權」，如身宮又有天府，則可使七殺化為工具來開墾（土生金）。

（紫微在巳宮屬火、為最廟旺，在亥宮屬水、平和而已「七殺金生水洩」）

逢祿存，亦有權，猶如紫微，能使七殺穩定。

空劫均為善良、具理想的星，但也為不切實際，逢七殺，可能會有一時的火花爆發，但卻也稍縱即逝，簡單說，就是賺到了，就要死了。

逢屬火的星如廉貞火，則會有剋金或煉金的差別要分辨清楚，但一般而言，其人一生歷程均較為漂蕩辛勞。

七殺為不停地在打拼，不管對內對外，但武曲卻不會。

遇昌金或屬金之星，可增強其威力，但往往也會有過剛則折之象。

逢屬木之星，一般僅能碰上貪木，金剋木，至於有否成器，還得看是良木？還是朽木？

喜歡逢屬水之星，金生水，可使其剛硬的個性較能委婉，使俠骨中帶有柔情，呈現出較具有感情的溫柔性。

七殺逢煞，為偏財、為橫財，但橫成橫破；不逢煞，成敗一半一半；加吉星，則不容易失敗；然而，單純的七殺成就最高。

七殺逢羊，威力特強，但危險性亦相對地提高且刑剋重。於職業上，有很多是外科醫生，但若福宮或三方四正不佳，則可能為屠宰之人；特性：殺的愈多，面貌愈慈祥。因為它本就是操生死的。

入兄弟：兄弟會有七殺的現象。若命好，則衝突現象減緩（在僕役同論）；加吉星，有威力、敢開創；逢煞，兄朋偏向黑道或遭其陷害。

入夫妻：不逢煞，配偶有助力，是為一賢內（外）助（廟旺加吉星）；逢煞，為失敗的婚姻，尤其遇羊陀或化忌，則可能會有嚴重的傷害，至於是誰傷害誰，就得看本命的好壞，好則你傷害她，壞則她傷害你；不加吉、不逢煞，則吉凶參半；逢煞，配偶會有歇斯底里症。

入子女：子女具七殺的現象。廟旺、能開創，落陷、不能開創；加吉、優秀，逢煞、子女易淪落黑道誤入歧途；加羊易有失落子女（流產、墮胎）。子女多為白手也不會待在身邊。

入財帛：等於命坐破軍。錢財上不是成計就是敗，很敢搏大，故往往屬橫財之星。加吉，進財的成功率高；逢煞，為橫成橫敗。若是又逢話祿權，則錢很敢賺，但卻不清不楚、不明不白，很是不擇手段。

入疾厄：與命身宮七殺類似為肺，但最主要的是在骨頭、支架，尤其是脊椎骨受傷，也最易引起意外，尤其是逢煞更驗；由於屬刀，故易有開刀或意外傷害或槍傷，另，也易得痔瘡。

入遷移：等於命坐天府。生性保守穩健有原則，在有必要時，也敢衝出拼鬥，暴發力極強烈，所以，七殺與天府恆成對照；天府講求實力、為祿庫，能入庫則能成功。

※天府坐命之人，是在有限定保障的原則下才去拼鬥；而七殺坐命之人，則基於本身資源很有限，所以，他必是放手一搏且不計後果。

入官祿：等於命坐貪狼。最好從事帶有尖銳金屬性的技術行業，但由於命坐貪狼本性，故多從事投機性行業，且事業上的變動性極大。

入田宅：家中需要他去賺錢維生，加吉、家庭生氣蓬勃，逢煞、家珠氣氛死氣沈沈（家財愈來愈少），若有橫發（不動產）也很容易橫破。

入福德：等於命坐天相。本性敦厚穩重、和事佬、理念不錯，不過，觀念仍是七殺，故有必要時，也很現實、也會決一死戰。因命坐天相，故會有負責的態度，若是七殺坐命則不會。另，七殺在福，往往白天與晚上的表現不一樣，這是一種發洩的作用，且為不停地持續進行，如打架、賭博。

入父母：父母不是成（吉星）即是敗（煞星），為白手起家的個案（加吉星）。

※七殺加吉星、廟旺，成功率高；反之，失敗率高。也可以決定身體的生死。

三、相關星曜組合解碼

◎雙星意象解析：

紫微七殺	七殺	廉貞七殺	七殺
七殺	七殺		武曲七殺
武曲七殺			七殺
七殺	廉貞七殺	七殺	紫微七殺

殺廉：放蕩，遊走法律邊緣，反應機伶，執著衝動。

殺武：外柔內剛，心胸抱負遠大，勇於開創冒險新事物。

殺紫：威嚴（紫微化殺為權），正義與邪惡的分野。

四、綜合整理：

1. 七殺寅、申、子、午宮，一生爵祿榮昌。
2. 文曲、天鉞，可溶化七殺的銳氣。
3. 七殺、破軍居命，專依羊、鈴之虐。
4. 殺臨絕地會羊、陀，顏回夭折。
5. 七殺、羊、鈴，流年白虎，刑戮災囤。
6. 七殺重逢四煞，腰駝背曲、陣中亡。
7. 七殺居身，定歷艱辛。
8. 七殺、流羊逢官符，離鄉遭配。
9. 七殺、羊、火，貧且賤，屠宰之人。

10.七殺、破軍，宜早出外，諸般手藝精。
11.七殺單守福德，女命切忌，賤無疑。
12.二限最忌七殺重逢是謂〈七殺疊拼〉，無吉災禍重，煞聚更甚。
13.女命嫌逢七殺，三方四正、身、命、夫宮，俱不宜見，見之，若值本宮無正曜，必主生離剋害。
14.女命廟旺之地身命守，加權祿，則財權壓眾、志過丈夫、旺夫益子。
15.七殺辰、戌、丑、未宮，為落陷，因其為治煉之金，不是埋在土裡的星。
16.七殺暴發力強，但沒有持久力。

破軍星

一、古賦文彙整

◎破軍星所主若何？

破軍屬水，北斗天關第七之星，司夫妻、子息、奴僕之神。在天為煞氣，在數為耗星，故化氣為耗。主人凶暴狡詐，性剛寡合，視六親如寇仇，處骨肉無仁義。六癸六甲生人合格，主富貴。陷地，加煞沖破，巧藝殘疾，不守祖業；僧道宜之。女人沖破，淫蕩無恥。

此星居紫微，則失威權；逢天府，則作奸偽；會天機，則鼠竊狗偷；與廉貞、火、鈴同度，則決起官非；與巨門同度，則口舌鬥爭；與刑忌同度，則終身殘疾；與武曲入財，則東傾西敗；與文星守命，則一生貧士。遇諸凶結黨，破敗；遇陷地，其禍不輕。惟天梁可制其惡，天祿可解其狂，若逢流煞交併，家業蕩空；與文曲入於水域，殘疾離鄉；與文昌入於震宮，遇吉可貴；若女命逢之，無媒自嫁，喪節飄流。

凡坐人身、命，居子、午，貪狼、七殺相拱，則威震華夷。或與武曲同居巳宮，貪、廉拱合，亦居台閣，但看惡星何如。庚、癸生人入格，到老亦不全美也。在身、命陷地，棄祖離宗；在兄弟，骨肉參商；在夫妻，不正，主

星名	破軍星
五行	癸水（陰水）
斗分	北斗
化氣	耗
所主	主親主
人物	紂王

婚姻進退；在子息，先損後成；在財帛，如湯澆雪；在疾厄，致尫羸之疾；在遷移，奔走無方；在奴僕，怨謗逃亡；在官祿，主清貧；在田宅陷地，破蕩；在福德，多災；在父母，破相刑剋。

◎破軍入命限吉凶訣

•破軍入男命吉凶訣：

破軍七殺與貪狼，入廟英雄不敢當；關羽命逢為上將，庶人富足置田庄。

破軍子午會文昌，左右雙雙入廟廊；財帛豐盈多慷慨，祿官昭著佐君王。

破軍一曜最難當，化祿科權喜異常；若還陷地仍加殺，破祖離宗出遠鄉。

破軍不喜在身宮，廉貞火羊陀會凶；不見傷殘即壽夭，只宜僧道度平生。

•破軍入女命吉凶訣：

破軍子午為入廟，女命逢之福壽昌；性格有能遍出眾，旺夫益子姓名香。

破軍女命不宜逢，擎羊加陷便為凶；剋害良人非一次，須叫非哭度朝昏。

•破軍入限吉凶訣：

破軍入限要推詳，廟地方知福祿昌；更遇文昌同魁鉞，限臨此地極風光。
破軍入限要推詳，廟地無凶少損傷；殺湊破軍防破耗，更防妻子自身亡。
破軍主限多濃血，失脫乖張不可說；更值女人主孝服，血光產難災殃至。

二、新解破譯

屬陰水，是潛伏在地下的水，為暗湧，故有時表面平靜，事實上卻是暗潮洶湧（內在），是一很具有變動不定的星，屬破壞或建設兩面性。（看長相、氣質）

建設的破軍；把不好的變成好的，很疼惜栽培自己的親人或事業，但很護短，所以很是勞碌。

破壞的破軍；把好的破壞成不好的，生性殘暴不仁，見不得人好，喜歡把它毀掉，會破其親人，損其婚姻、子女。

長相，稍圓臉型（太陽為肉餅臉），眉寬毛稀少，印堂寬且多為單眼皮，很厲害，同時具備了建設與破壞的個性，好勝爭強；而雙眼皮則眼善三分較為善良，故力道亦稍嫌緩弱。五短身材較厲害，如子午破軍成就較高；如亥子或屬金之星生水為高大：如辰戌破軍臉拉長，有時臉上會有麻臉，身材略胖。

所有星性中最難明的就是破軍，因為陰水、為暗湧，故何時會被激發出來不知道，如以財務比喻，則是可共享受，但不能共患難。可扛得起的，他一定扛，只要有賺錢，對朋友很是照顧；反之，若扛不起來，他即放手不管了（此時事態必已相當嚴重），故與破軍交往僅能遠視，不能近擁即是此理也。

破軍膽識相當的大，敢以一分錢做十分的事，這是很多星所不敢為之的，所以說是一顆最為膽大冒險和犯難的星，其成敗總往往於一線之隔，有時甚至成的快、敗的也快。

古書謂：破軍最宜外出發展，何也？因為它具有強烈的改革變化與快速率之心態，且對愈冒險愈動盪不安的環境，是愈適合它的發展。一般而言，大多數破軍的出生環境不好，所以，非得有此非常的環境與手段，他才能脫穎而出、闖出自我的一片天地。

另古文云破軍；沿路乞食。若以現代觀點而論，即是如推（行）銷業、擺地攤等動態事業，而且地點遍及愈廣，其成績效益愈大。因此，對古文字義的解碼可不要囫圇吞棗，否則就會鬧笑話了。

因此，論破軍好壞的關鑑，即在其是否有能力建設，若有、是為好的破軍，最怕的是破壞了卻無法去建設，故破軍最需要的是教育，有了足夠的評審能力，則成功的機率自然就會提升了，否則只有依個性而作為判斷的標準了。

若行運走到破軍，也是一種改革的開始，會否定過去而追求另一種型態。

破軍的成就不見得要加吉星，單星同樣會有成就；最喜歡化祿（可使其非常的有智慧，運途、資金非常的順暢）、化權（可令其更有膽識、有責任心，加強拼鬥開創的精力）。

加魁鉞，可使破軍高貴起來、具領導能力，其中又以魁為最，而天鉞則會有文不成文、武不成武的現象。

（破軍是不具有強烈的道德觀，它只知道破壞或建設，故一般而言，層次的高低相差甚大。）

加昌曲，尤其是文昌（金生水），可使破軍能受教育、有智慧（一般，破軍不會主動去受教育）；而文曲則較屬才藝、風花雪月，且與破軍有刑剋，是為破軍的女兒。

加左右，本性不變，但朋友增多、格局增大。

任何一顆煞星均會造成破軍的破壞力，不但強勁快速，且會不擇手段、毫無顧忌的行為之，又以逢羊陀火鈴為最顯著。

逢羊陀屬金，金生水，往往會使破軍變化更大、更為流暢，命運變化多端且起伏很大，尤其在辰戌丑未宮可使破軍更具開創性；不喜歡火鈴，為造成水火戰剋、命運多乖，但若服宮佳，則可能會具有較好的理想，如此對人生的觀感亦不會太過於偏激離譜了。

逢空劫，能使破軍更聰明，而朝向智慧性的研究發展，很容易成功；但若朝金錢上發展，則古書云：半空折翅，浪裡行舟。即多破敗。

破軍：凡加吉星或吉化、是為建設；逢煞星則為破壞。

入僕兄：入兄加吉、兄弟合作無間，逢煞、反目成仇；入僕（命坐天梁），故多得長輩上司的提拔。

入夫妻：屬奴、妻、子。很疼惜配偶，逢煞、則會虐待破壞配偶。等於天府座命，所以大家都會有的婚姻，或是受婚姻虐待（尤其女性，若夫、命、福有煞教為明顯）。有時也會認為是疼惜，但對方卻認為是虐待，如果加吉星，是屬建設性的效應。

入子女：加吉星，易出貴子，或很愛護子女、栽陪子女；逢煞星為破壞子女、或子女長大後破壞你，或是相互虐待。易離婚、流產，或對性關係、性態度偏差，命坐又逢價煞亦同，故有時會造成亂倫或獸交等不正常的現象。

入財帛：等於命坐貪狼，錢財上變化多端，敢（會）賺敢（會）花，也很具冒險、快速之徵象。

入疾厄：命身坐破軍，多屬於潛伏性偏向水的疾病，如泌尿系統、生殖系統；又為暗湧潮流，也為癸水（天癸、月經）屬週期性，故亦有循環系統或月事不順或心臟（血液循環系統）等疾病。

入遷移：等於命坐天相，喜歡外出（工作性質）；但若為命破遷相，則是自己喜歡逗留在外。

入官祿：最好從事兼具破壞與建設性的工作，也適合從事潛伏性的工作，或軍

武曲破軍	破軍	紫微破軍	破軍
破軍	破軍		廉貞破軍
廉貞破軍			破軍
破軍	紫微破軍	破軍	武曲破軍

警業、屠宰業；又為破耗之星，故也可從事環保清潔的工作。

入田宅：為不動產的破壞或建設，如有祖產敗盡或把祖產建設起來。

入福德：思想具有較先進、快速地去舊佈新之理念，與廉貞均共同具有很強的外語能力。

入父母：加吉星，對你有建設、會栽培你；逢煞星，會破壞你（不顧一切）、或被遺棄或有父母早逝等徵驗。

三、相關星曜組合解碼

◎雙星意象解析：

破紫：主觀意識強烈，具叛逆性，情緒不定，喜怒無常。

破廉：喜創新冒險嘗試，大起大落，獨立性強烈，先敗後成。

破武：外剛內柔，成敗起伏甚大，不按牌理出牌。

四、綜合整理：

1.子午破軍吉會，加官進爵。
2.破軍貪狼命身居、逢祿馬，男多浪蕩女多淫。
3.破耗羊鈴官祿位，到處求乞。
4.破軍陀羅，一生勞而無成。
5.破軍一曜性難明。
6.昌曲破軍逢之，刑剋多勞碌。
7.破軍文昌於震地遇吉可貴。
8.破軍祿馬會吉曜，權祿非淺。
9.破軍、廉貞，對它國之風俗、語言學習力很強。
10.破軍逢空劫，一般均在追求財富，故多破財。

※　※　※　※　※

斗數十四顆主曜之相關詳實解說到此告一段落，只要閣下有用心且細心地去領悟體會，相信實力與造詣已然超越在水準之上，但請千萬勿以此為自滿，因為，于後還有更精彩的內容等著你。

第三章　六吉、六煞星

星名	五行	斗分	化氣	所主	人物
左輔星	戊土（陽土）	北斗	助星	佐助之星	

壹：六吉星

左輔星

一、古賦文彙整

◎左輔所主若何？

左輔帝極主宰之星，其象屬土，身命諸宮降福。主人形貌敦厚，慷慨風流，紫府祿權貪武三合沖照，主文武大貴。火忌沖破，雖富貴不久。僧道清閑，女人溫厚賢慧，旺地封贈，火忌沖破，以中局斷之。

◎左輔入命限吉凶訣

• 左輔入男命吉凶訣：

左輔尊星能降福，風流敦厚通今古；紫府祿權貪武會，文官武職多清貴。
羊陀火鈴三方照，縱有財官非吉兆；廉貞破巨更來沖，若不傷殘終是夭。

•左輔入女命吉凶訣：

女逢左輔主賢豪，能幹能為又氣高；更與紫微天府合，金冠封贈福滔滔。
火陀相會不無良，七殺破軍壽不長；只可偏房方富足，聰明得寵過時光。

•左輔入限吉凶訣：

左輔限行福氣深，常人富足累千金；官員更得科權照，職位高遷佐聖君。
左輔之星入限來，不宜殺湊主悲哀；火鈴空劫來相湊，財破人亡事事衰。

二、新解破譯

屬陽土，為佐帝之星，在數為善，最喜會右弼，當然若能再逢帝座更佳。居身命臉圓長，身材中等但稍瘦，見四煞沖破主有傷殘之虞。

輔星之人個性善良溫純、樂於助人，女命溫重賢巧，但忌煞星沖破，易多感情婚姻之憾事，甚者易淪落風塵。

輔星若是得紫府、武曲、貪狼及權祿加會，富貴不小；最忌與廉貞破耗巨暗同度，主不夭則殘，簡言之，此星遇吉加吉，逢煞加煞。

輔星為熱鬧之星，若主強賓弱則有輔佐之功，忌煞相脅反助凶；實誠具有牆頭草看風向搖擺。

右弼星

星名	右弼星
五行	癸水（陰水）
斗分	北斗
化氣	助星
所主	佐助之星
人物	

一、古賦文彙整

◎右弼所主若何？

右弼帝極主宰之星，其象屬水，守人身命，文墨精通。紫府吉星同垣，財官雙美、文武雙全。羊陀火忌沖破，下局斷之。女人賢良有志，女中堯舜。四煞沖破，不為下賤，僧道清閑。

歌曰：

左輔原屬土，右弼水為根。失君為無用，三合宜見君。若在紫微位，爵祿不須論。

若在夫妻位，主人定二婚。若與廉貞併，惡賤遭鉗髡。

輔弼為上相，輔佐紫微星。喜居日月側，文人遇禹門。倘居閑位上，無爵更無名。妻宮遇此宿，決定兩妻成。若與刑囚處，遭傷作盜賊。

◎右弼入命限吉凶訣

•右弼入男命吉凶訣：

右弼天機上宰星，命逢敦厚最聰明；若無火忌羊陀會，加吉財官冠世英。

右弼尊星入命宮，若還殺湊主常庸；羊陀空劫三方會，須知帶疾免災凶。

•右弼入限吉凶訣：

右弼入限最為榮，人財興旺必多能；官員遷擢僧道喜，士子攻書必顯名。

右弼主限遇凶星，掃盡家資百不成；士遭傷敗奴欺主，更教家破主伶仃。

二、新解破譯

屬陰水，為佐帝之星，在數為善，最喜會左輔，當然若能再逢帝座更佳。居身命人小臉圓長，身材較矮但稍瘦。

輔星之人個性善良溫純、精文墨、行事小心謹慎、樂於助人，女命溫重賢巧，雖逢忌煞星沖破，亦不為下賤，不過感情多曲折。

輔星若是得紫府、武曲、貪狼及權祿加會，富貴不小；最忌與廉貞破耗巨暗同度，主不夭則殘，簡言之，此星遇吉加吉，逢煞加煞。

輔星為熱鬧之星，若主強賓弱則有輔佐之功，忌煞相脅反助凶。

若單守命垣多離宗庶出，若在夫妻宮位定主二度佳期。

三、綜合整理：

1.左右夾命為貴格。

2.左右貞羊防遭刑盜，且主意外災禍。

3.左右均喜落入僕役，其對象近似平輩；魁鉞為長輩。

4.左右入僕役的人際關係較入命宮要好，且更有魅力，但本人較孤獨，可是入三方四正中，就不會呈現孤寂之徵象。

5.太陽不需要輔弼星，愈孤的星才需要輔弼星。

6.左輔偏向於技術、偏向於在外，而右弼則偏向於財與桃花、在內。

7.左輔喜逢天府，而右弼則喜會天相，福澤優厚。

8.左右入夫妻主二婚，逢忌煞星沖破靈動力降低，然夫妻多糾紛。

9.左右守命，紫府相機昌日月貪武會合富貴不小；逢忌煞星沖破，則富貴不久。

10.左府同宮，尊居萬乘，若二星安命於辰戌且三方吉化拱照，必居極品之貴。

11.右紫府同宮，財官雙美，文武雙全。

12.左右與諸煞同宮，為禍、福薄。

13.左右入命，秉性克寬仁厚。

14.左右單守命宮，離宗庶出。

15.左右入命，必定與日月對照，宜朝五術玄學發展。

文昌星

星名	五行	斗分	化氣	所主	人物
文昌星	辛金（陰金）	南斗	文桂	科甲之星	嬋王

一、古賦文彙整

◎文昌星所主若何？

文昌屬金，南斗第六之星也。主科甲，守人身命，主幽閑儒雅，清秀魁梧，博聞廣記，機變異常，一舉成名，披緋衣紫，福壽雙全。旺巳宮，喜居辰午兼寅卯位，眉目分明、相貌清奇，於金水人，先難後易，中晚有聲名，太陽蔭祿聚，臚傳第一名。

◎文昌入命限吉凶訣

•文昌入男命吉凶訣：

文昌坐命旺宮臨，志大才高抵萬金；文藝精華心壯大，須教平步上青雲。

文昌守命亦非常，限不夭傷福壽長；只怕限冲逢火忌，須教夭折帶刑傷。

•文昌入女命吉凶訣：

女人身命值文昌，秀麗輕奇福更長；紫府對冲三合照，管教富貴著霞裳。

文昌女命遇廉貞，陷地擎羊火忌星；若不為娼終壽夭，偏房猶得主人輕。

•文昌入限吉凶訣：

文昌之星最為清，斗數之中第二星；若遇太歲與二限，士人值此占科名。

限遇文昌不得地，更有羊陀火鈴忌；官非口舌破家財，未免刑傷多晦滯。

二、新解破譯

文昌屬陽金，七殺的兒子，南斗，為科名、文魁之星。只有化科、化忌，最喜會太陽、天梁、祿存，主富貴。

文昌之人多是先難後易，若陷地加煞沖破，則多有巧藝且帶疾延年；旺宮（巳酉丑）有暗痣，陷地（寅午戌）有斑痕。

文昌入命，臉長圓、先瘦後胖、眉清目秀、舉止優雅、有機變、學識廣博、性耿直平易近人。

女命陷地會廉羊火，乃娼妓之命；入廟亦福不全。

文曲星

星名	文曲星
五行	癸水（陰水）
斗分	北斗
化氣	文華
所主	科甲之星
人物	龍吉

一、古賦文彙整

◎文曲星所主若何？

文曲屬水，北斗第四星也。主科甲文章之宿，與文昌同協，吉數最為祥。在身命，作科第之客，桃花浪煖，一躍龍門。居巳酉丑宮，居侯伯；武貪三合同垣，將相之格，文昌遇合亦然。若陷午戌之地，巨門羊陀沖破，喪命夭年，水火驚險。居亥卯未旺地，與天梁天相會，聰明博學，只宜僧道。若女命值之，清秀聰明主貴，又逢水性，又主淫逸。於官祿，面君顏而執政；單居身命，更逢凶曜，亦作無名舌辯之徒。與廉貞共處，必作公吏官；身與太陰同行，定係九流術士。怕逢破軍，恐臨水以生災；嫌遇貪狼，蒞政事而顛倒。逢七殺刑忌囚及諸惡曜，詐偽莫逃。逢巨門共其度，和而喪志。女命不宜逢，水性楊花。忌入土宮，限臨蹭蹬，若祿存化祿來躔，不可以為凶論。

希夷先生曰：文曲守身命，居巳、酉、丑，官居侯伯。武、貪三合同垣，將相之格。文昌遇合，亦然。若陷宮午、戌之地，巨門、羊、陀沖破，喪命夭折，水火驚險。若亥、卯、未旺地，與天梁、天相會，主聰明博學；殺沖破，只宜僧道。若女命值之，清秀聰明，主貴；若陷地、沖破，淫而且賤。

◎文曲入命限吉凶訣

•文曲入男命吉凶訣：

文曲守命最為良，相貌堂堂志氣昂；士庶逢之應福厚，丈夫得此授金章。
文曲守垣逢火忌，不喜三方惡殺聚；此人雖巧口能言，惟在空門可遇貴。

•文曲入女命吉凶訣：

女人命裡逢文曲，相貌清奇多有福；聰明伶俐不尋常，有殺偏房也淫慾。

• **文曲入限吉凶訣：**

二限相逢文曲星，士庶斯年須發福；更添左右會天同，財祿滔滔為上局。

文曲限遇廉陀羊，陷地非災惹禍殃；更兼命裏星辰弱，須知此歲入泉鄉。

二、新解破譯

文曲屬陰水，破軍的女兒，北斗為科名、文雅風騷之星。於身命主桃花、善舌辯巧智、性情外向，對樂理相醫卜有相當天份。

文曲遇廉貞宜為輔佐人才，逢太陰有敏銳的第六感，逢破耗貧寒防水厄，與貪狼同度則作事顛倒、表裡不一，逢惡煞則為人奸偽。（曲貪格）

女命坐文曲有水性楊花之性，最喜與同梁武曲相會，則聰明果決，如逢煞多沖破，則多為僧道或悠遊山林之人。

文曲逢化忌有得理不饒人或盛氣凌人之徵象，說話不留情面與餘地（對己或他人同）。

文曲入命，臉長圓、先瘦後胖、個性稍孤僻，若單守身命更逢惡煞沖破則為侵妄之人。

◎流年昌曲若何？

命逢流年昌曲，為科名科甲，大小二限逢之，三合拱照，太陽又照流年祿，小限太歲逢魁鉞、左右、台座，并日月科權祿馬，三方拱照，決然高中無疑。然非必此數星俱全方為大吉，但以流年科甲為主。如命限值之，其餘吉曜若得二三拱照合，必高中，但二星在巳酉得地，不富即貴，恐不能耐久矣。

歌曰：

南北昌曲星，數中推第一。身命最為佳，諸吉恐非吉。得居人命上，桃花浪三汲。

入仕更無疑，從容要輔弼。只恐惡煞臨，火鈴羊陀激。若還逢陷地，苗而不秀實。

不是公吏輩，九流攻數術。無破宰職權，女人多淫佚。樂居亥子宮，空亡官無益。

三、綜合整理：

1.三方文科拱照，主有文學天份，或早年即有文名。
2.文甲之星若居陷地，燈火辛勤。
3.文曲廟垣逢左右，將相之才。
4.文曲與武貪同度，或分處身命二宮，行限忌丑未二宮，無吉相解，多有災險。
5.文昌擎羊火鈴聚，若不為娼必夭折。
6.女命三合昌曲，聰明伶俐、衣食足，但多淫佚。
7.昌曲陷宮、凶煞沖，虛譽之隆。
8.昌曲忌與天姚同度，酒色風流。

天魁星、天鉞星

一、古賦文彙整

◎天魁星、天鉞星所主若何？

魁鉞屬火，即天乙貴人，斗中司科之星，氣象堂堂，聲名耿耿，廉能清白而有威儀。在人命坐貴向貴，或得左右吉聚，無不富貴。況二星又為上界和合之神，若魁臨命，鉞于身，更迭相守，更遇紫府、日月、昌曲、左右、權祿相湊，少年必娶美妻，若遇大難，必得貴人扶助，小人不一，亦不為凶。限步巡逢必主女子

星名	五行	斗分	化氣	所主	人物
天魁星	丙火（陽火）	南斗	陽貴	才名之星	

星名	五行	斗分	化氣	所主	人物
天鉞星	丁火（陰火）	南斗	陰貴	才名之星	

添喜，生男則俊雅，入學功名有成；生女則容貌端莊，出入超群。若四十以後逢墓庫，不依此斷。有凶亦不為災，居官者，賢能威武、聲名遠播，僧道享福，與人和睦，不為下賤。女人吉多，宰輔之妻，命婦之論。若加惡煞，亦為富貴，但不免私情淫佚之態也。

歌曰：

天乙貴人眾所欽，命逢金帶福彌深；飛騰名譽人爭慕，博雅皆通古與今。

魁鉞二星限中強，人人遇此廣錢糧；官吏逢之發財福，當年必定見君王。

◎魁鉞入命限吉凶訣

• **魁鉞入命限吉凶訣：**

魁鉞命身限遇昌，常人得此足錢糧；官員遇此高遷擢，必定當年面帝王。

天乙貴人眾所欽，命逢金帶福彌深；飛騰名譽人爭羨，博雅皆通古與今。

（不論男女命皆主富貴，若無富貴，亦主有聰明。）

二、新解破譯

天魁星、陽火、男，天鉞星、陰火、女。貴人星入命，一生貴人不斷，天魁較有男性貴人、天鉞較有女性貴人。

貴人星又分真、假貴人星，真貴人星為主興廟旺有力，而假貴人星則為命落陷又逢自化忌、或是遇破碎星。

恩光、天貴，可增加魁鉞的貴人氣勢。

貴人星入命，其呈顯貴人的程度到底如何，必須視主星的廟旺、落陷來決定（成正比），故魁鉞的能力亦是隨自己的本事成正比。所以，有些人的貴人僅在於表現關心自己，並不會發揮實質的效力（自私）去助人。故俗諺：人必自助，天方助之。亦即自己愈有本事，則魁鉞就愈能相助，否則僅具虛象罷了。

魁鉞入命，天生有好的性格，價值觀、品味等亦均較好，也較具水準，亦帶點高傲性格。

天魁也易當流氓（流氓頭），是一種屬於有水準的流氓，而魁鉞貴人星亦可助其較有本事、行為性格較有氣質，也較會待（帶）人用人，亦較具有階級觀念、層次觀念。

可是對於本就比他高的，或是能成為他的貴人者（即能力比他強的），他很能把握住親近的機會，如跑腿、服務等。

魁鉞之人也很和氣，也較擺不下身段，但對於上級上司卻能，且會極盡巴結之態。

魁鉞帶點天梁之意象，但喜歡解人之困，畢竟魁鉞本身亦喜當頭，而天梁則屬企劃人才而已。

三、綜合整理：

1.魁、鉞、昌、曲、祿存扶，刑煞無沖貴台輔。

2.魁鉞夾命為奇格。

3.魁鉞入夫妻，多主對象貌美，但以男命之夫妻坐天鉞、女命之夫妻坐天魁為佳，為正格。

4.貴宿入子宮，主有貴子。

5.魁鉞與三台八座同度，人極好，是為好好先生；若再加恩光天貴，能增加其貴性；若再遇華蓋，有時可成為宗教的宗師。

6.魁鉞二星，經常會有同性戀之傾向發生。

7.貴宿單守財宮，主一生清高、遂意。

8.魁鉞入福德，可得貴助，一生快樂。

9.魁鉞為貴人之星，但在五十歲以後，行限逢之，其靈動力極小。

10.男命天鉞、女命天魁，一生得異性緣之助，且易有桃花。

11.天鉞獨守命，易與星相五術結緣。

12.男命天鉞、女命天魁，行限逢之，易有桃花；而女命大部份來自於年齡較大或已婚的異性（與天梁有些相似）。

13.魁鉞入命，不讀詩書也可人（即很有人緣）。

14.魁鉞文筆很好，除非落陷則另當別論。

15.天魁又稱「天乙貴人」，主晝生貴；天鉞又稱「玉堂貴人」，主夜生貴。

星名	擎羊星
五行	庚金（陽金）
斗分	北斗
化氣	刑
所主	護衛之星
人物	楊戩

貳、六煞星

擎羊星

一、古賦文彙整

◎擎羊星所主若何？

擎羊北斗之助星，守身命，性粗、行暴，孤單則喜，處眾則視親為疏，翻恩為怨。入廟性剛果決，機謀好勇、主權貴。北方生人為福，四墓生人不忌。居卯、酉，作禍興殃，刑剋大甚。六甲、六戊生人必有凶禍，縱富貴不久，亦不善終，九流工藝辛勤。加火、忌、劫、空，沖破，殘疾離祖，刑剋六親，女人入廟加吉，上局，四煞沖破刑剋，下局。

擎羊，火金，北斗浮星，化刑，入廟，權貴。身旺，形麄破相、耍勇鬥狠、機謀狡詐、橫立功名，能奪君子之權。喜西北生人，為福；宜命在四墓宮廟地，亦喜四墓生人。會日、月，男剋妻而女剋夫；會昌、曲、左、右，有暗痣斑痕。若卯、酉陷宮，作禍、傷殘、帶目眇。六甲、六戊寅、申生人守命，其人孤單、不守祖業、二姓延生、巧藝為活。廉貞、火、巨、忌星同陷地，則帶暗疾，或頭、面、手足有傷殘，且不善終。一生多招刑禍，否則為僧道。

女命：入廟，權貴；陷地，傷夫剋子，孤刑、破相、下淫。

◎擎羊入命限吉凶訣

•擎羊入男命吉凶訣：

祿前一位安擎羊，上將逢之福祿加；更得貴人相守照，兵權萬里壯皇家。

擎羊守命性剛強，四墓生人福壽長；若得紫府來會合，須知財穀富倉箱。

擎羊一曜落閑宮，陀火沖兮便是凶；更若身命同劫殺，定然夭絕在途中。

•擎羊入女命吉凶訣：

北斗浮星女命逢，火機巨忌必常庸；三方凶殺兼來湊，不夭終須浪滾濤。

•擎羊入限吉凶訣：

擎羊守限細推詳，四墓生人免禍殃；若遇紫微昌府會，財官顯達福悠長。

天羅地網遇擎羊，二限沖兮禍患戕；若是命中主星弱，定教一疾夢黃粱。

擎羊加殺最為凶，二限休教落陷逢；剋子刑妻賣田屋，徒流貶配去從戎。

陀羅星

星名	陀羅星
五行	辛金（陰金）
斗分	北斗
化氣	忌
所主	護衛之星
人物	天化

一、古賦文彙整

◎陀羅星所主若何？

陀羅北斗之助星，守身命心行不正，暗淚長流，性剛威猛，作事進退，橫成橫敗，飄蕩不定。與貪狼同度，因酒色以成癆；與火鈴同宮，定疥疫之不死；居疾厄，暗疾纏綿。辰戌丑未生人為福，在廟，財官論。文人不耐久，武人橫發高遷。若陷地加煞，刑剋招凶，二姓延生，女人刑剋下賤。

◎陀羅入命限吉凶訣

•陀羅入男命吉凶訣：

陀羅命內座中存，更喜人生四墓中；更得紫微昌府合，財祿豐盈遠播名。

陀羅在陷不堪聞，口舌官非一世侵；財散人離自孤獨，所作所為不如心。

•陀羅入女命吉凶訣：

陀羅一曜女人逢，遇吉加臨淫蕩容；凶殺三方相照破，須防相別主人翁。

•陀羅入限吉凶訣：

限遇陀羅事亦多，必然忍耐要謙和；若無吉曜同相會，須教一夢入南柯。

夾身夾命有陀羊，火鈴空劫又來傷；天祿不逢生旺地，刑妻剋子不為良。

◎羊陀所主若何？

玉蟾先生曰：擎羊、陀羅二星，屬火金，乃北斗浮星，在斗司奏，在數凶危；

羊化氣曰刑，陀化氣曰忌。怕臨兄弟、田宅、父母三宮，忌三合臨身命，合昌、曲、左、右，有暗痣眼疾；見日、月，女剋夫而夫剋婦，為諸宮之凶神。忌同日、月，則傷親損目；刑併桃花，則風流惹禍；忌貪狼合，因花酒以忘身。刑與暗同行，招暗疾而壞目；忌與殺、暗同度，招凌辱而生暗疾；與火、鈴為凶伴，只宜僧道。權、刑合殺，疾病、官厄不免；貪、耗流年，面上刺痕。二限更遇此，災害不時而生也。

歌曰：

刑與暗同行，暗疾刑六親。火鈴遇凶伴，只宜道與僧。權刑囚合殺，疾病災厄侵。

貪耗流年聚，面上刺痕新。限逢若逢此，橫禍血刃生。

又曰：

羊陀夭壽殺，人遇為掃星。君子防恐懼，小人遭凌刑。遇耗決乞求，只宜林木人。

二限倘來犯，不時災禍侵。

二、新解破譯

擎羊屬陽金，化氣曰刑，帶有官司、刑剋、審判之意象。

陀羅屬陰金，化氣曰忌，如陀羅般有旋轉的力量，亦有射出之意，故隱喻為一種暗箭。

羊之金是偏向尖銳性、身體臉型較長且呈立體（上身短、下身長），而陀之金是偏向研磨性，身體臉型較圓型（上身長、下身短）。

一般而言，煞星入命，一定有形貌怪異之象，女命可能會展現特別的豔麗，男命則會特別的帥氣，當然也有形貌醜陋的案例；至於吉星入命，就不一定很漂亮、很帥氣，身材也不一定好，但卻很深緣，且均稱的恰到好處。

羊陀身材、形貌之特徵：破相、殘疾、唇齒有傷（陀羅尤烈）。

羊入午宮是謂「馬頭帶箭」，具有開創積極的個性，男命在異鄉有成就；羊入子宮是謂「鼠頭帶箭」，易鑽研，具有特殊專長才華。

一般有成就的命格，大多是煞星命格，不是逆流而上、就是隨波逐流（墮落）。

羊陀二星均屬金，所以均帶有傷害性。

擎羊：屬刀，與化忌類似，刀為近身、化忌為遠方（突如其來）；從事職業以尖銳金屬有關，如刀、針、車床等；如與天梁同宮，可能為帶刀的醫生；如與七殺同宮為操生死，但可能只是操死的，如殺雞、鴨之屠夫；行運逢之，謹防尖銳物的傷害，尤其是大限擎羊流年走到，最好去捐血改運；又化氣曰刑，屬官司、刑剋，如與廉貞同宮則謂〈刑囚〉，若再遇天相同宮則為〈刑囚夾印〉；也主掌行刑，亦為被刑、犯刑，故擎羊入命者，性格與行為處事較直接解決，所以，最從事軍警等職業，一旦受傷，必定見血。

陀羅：屬磨、拖，所以大都來的慢、去的也慢，因此即使受傷了，也不會有明顯的外傷，如脫臼；也為慢性疾病，所以經常一拖就形成不可收拾的後果，是故，陀羅最易得癌症。

感情上：羊，乾脆俐落；陀，拖磨糾纏。

行運逢：羊，馬上去做；陀，什麼都想，但均一拖再拖，結果一事無成。

羊陀亦具有財的氣數，但屬必須去爭取的錢財，有橫財之徵象，然卻也易有橫成橫破之象是也。

女命不喜陀羅，行運走到或走到大限陀、或命有陀、或夫宮有陀，一定會有傷心淚史（不是親人，就是配偶），尤其是大限陀流年走到更驗；若入夫宮則可能配偶會加諸財務、身體、感情上的折磨於妳。

由於陀羅為一種旋轉，所以帶有生命力、有積極性，因此若會應用，反能成為一種力量。

是故，羊的力量在尖端處、為凝聚直接，陀的力量在旋轉處、為一種向心力、在於一點，所以只需將其特性拿定應用，不要變動不定，則成就必然不可限量，這也是一種「化煞為權」的應用，反而對人有好處。

最喜屬土之星，如天府，但紫微不行，因其為很深的土會使金生銹（不逢煞的天府，大多以上班族居多，而逢煞的天府，較最拼有勇氣，易成老闆）。

逢屬火之星，可為化權，是為一種經過火淬練的境界而展現精亮之象，但亦有刑剋，所以與廉貞同宮易犯官司。

若遇火鈴，代表金迸出火花，也是一種化權意象，是為煞星之權。

（化權：白道之權；羊陀火鈴之權：黑道之權。）

逢屬水之星，是為金生水，反而好，尤其在辰戌丑未宮更好，因羊陀之凶性會被壓制住，且金能生水（智慧），而將智慧展現，如紫破在丑未宮，原本破軍為開創冒險的個性，但受了土所制，反成為安定穩重之象，如再逢羊陀（金），則紫生羊陀，而羊陀再來生破軍（水），因此，而造就破軍不怕冒險、不怕吃苦的良性一面了。

逢屬木之星，是為金剋木，至於是能雕塑的良木？還是朽木？那麼，端視木質而定。但大抵而論，木逢羊陀易折斷，如行運走到，會有斷手斷腳（羊）、脫臼（陀）、骨折（羊）等現象。

逢屬金之星，為加強金勢，故突擊力更大，當然財的起伏落差也大；至於逢羊陀是增加或破壞金勢，則還需與命宮合參；另外，由於剛過易折，所以也會造成身體上的傷害，如意外災害、車禍等。

三、綜合整理：

1. 羊火同宮，權威出眾，但刑剋不免。
2. 羊火夾忌為敗局。
3. 羊陀火鈴守身命，易有殘疾或彎腰駝背之人。
4. 陀羅寅申巳亥，非夭折即刑傷。
5. 陀羅天刑會桃辰，易因風流而惹禍。
6. 羊陀遇惡曜，為奴為僕，一生操勞。
7. 命限擎羊，謀而不遂。
8. 刑與暗同行，暗疾、損六親。
9. 刑囚合殺，宜防疾病災殃。
10. 擎羊會左右昌曲，有暗痣或斑痕。
11. 陀羅與破耗同度，則財源反覆，為財奔波。
12. 擎羊酉宮無吉解，多主凶死橫夭。

星名	五行	斗分	化氣	所主	人物
火星	丙火（陽火）	南斗	暴星	火爆、殺神之星	殷郊

火星

一、古賦文彙整

◎火星所主若何？

火星大殺將，南斗號殺神，若坐身命位，諸宮不可臨，性氣亦沉毒，剛強出眾人，毛髮多異類，唇齒有傷痕，更同羊陀會，襤褸必災迍，過房出外養，二姓可延生，此星東南利，不利西北人。若得貪狼會，旺地貴無倫，封侯居上將，動業著邊庭。三方無煞破，中年後始興，僧道多飄蕩，不守規戒心，女人旺地潔，陷地主邪淫，刑夫又剋子，下賤勞碌人。

二、新解破譯

屬陽火，又號殺神、天殺星，在數主凶危，性剛強沉吟，入命長圓臉、身材中等略壯，陷地矮瘦、痲面或多異相。

會羊陀則幼年多災難養，或多二姓延生或離祖過繼，若居命身六親宮中必有刑傷。

最喜會貪狼於旺宮（寅午戌入廟、申子辰陷地、亥卯未得地），則富貴不小（為「火貪格」）。

女命陷地得之，淫邪不免、外虛內狠，一生多是非，為下賤。

行限逢之，雖旺地亦有驚險起伏；陷地則會有刑傷、病憂、官非，喜會貪宿可解其惡。

鈴星

一、古賦文彙整

星名	鈴星
五行	丁火（陰火）
斗分	南斗
化氣	暴星
所主	火爆、殺神之星
人物	殷洪

◎鈴星所主若何？

大殺鈴星將，南斗為從神，值人身命者，性格亦沉吟，形貌多異類，威勢有聲名，若與貪狼會，指日立邊庭，廟地財官貴，陷地主貧窮，羊陀若相湊，其刑大不清，孤單並棄祖，殘傷帶疾人。僧道多飄蕩，還俗定無倫，女人無吉曜，刑剋少六親，終身不貞潔，壽夭仍困貧，此星大殺將，其惡不可禁，一生有凶禍，聚實為虛情，七殺主陣亡，破軍財屋傾，廉宿羊刑會，卻宜主刀兵，或遇貪狼宿，官祿亦不寧，若逢居廟旺，富貴不可論。

◎羊陀火鈴所主若何？

鈴火陀羅金，擎羊刑忌訣：一名馬掃星，又名短夭殺，君子失其權，小人犯刑法，孤獨剋六親，災禍當不歇，腰足唇齒傷，勞祿多蹇剝，破相又勞心，乞丐填溝壑，武曲併貪狼，一世招凶惡，疾厄若逢之，四時不離藥，只宜山寺僧，金谷常安樂。

◎火鈴入命限吉凶訣

•火鈴入男命吉凶訣：

火鈴二曜居廟地，貪狼紫府宜相會；為人性急有威權，鎮壓鄉邦終有貴。

火鈴在命落閑宮，西北生人作事庸；破盡家財終不久，須教帶疾免災凶。

•火鈴入女命吉凶訣：

火鈴之星入命來，貪狼相會得和諧；三方無殺諸般美，坐守香閨得遂懷。

火鈴二星最難當，女命單逢必主傷；若遇三方加殺湊，須防目下入泉鄉。

•火星入限吉凶訣：

火星得地限宮逢，喜氣盈門百事通；仕宦逢之皆發福，常人得此財豐隆。

火星一宿最乖張，無事官災鬧一場；剋害六親應不免，破財艱苦免恓惶。

•鈴星入限吉凶訣：

限至鈴星事若何，貪狼相遇福更多；更加入廟逢諸吉，富貴聲揚處處歌。

鈴星一宿不可當，守臨二限必顛狂；若無吉曜來相照，未免招災惹禍殃。

•火鈴入限吉凶訣：

火鈴二星事若何，貪狼相會福還多；更加吉曜多權柄，富貴聲揚處處歌。
火鈴限陷血濃侵，失脫乖張不可尋；口舌官災應不免，須防無妄禍來臨。

附：參考資料

• 四殺入限吉凶訣：

火鈴陀羅金，擎羊刑忌訣。一名馬掃星，又名短壽殺。
君子失其權，小人犯刑法。孤獨剋六親，災禍常不歇。
腰足脣齒傷，勞碌多蹇剝。破相又勞心，乞丐填溝壑。
武曲併貪狼，一世招凶惡，疾厄若逢之，四時不離著。
只宜山寺僧，金穀常安樂。

二、新解破譯

屬陰火，又號殺神，在數主凶危，膽大出眾、性急而孤僻，入命臉形古怪、陷地矮瘦、痲面且有傷殘。

會羊陀則形貌不清或有傷殘破相帶疾延年；加煞無吉，多有顛狂之症，且破祖重拜父母。

此星最忌入命身及六親宮位，皆主有傷剋；入財宮，主有偏財，但橫成橫破，若再逢羊陀，會有因財持刀或被劫財之徵象。

最喜會貪狼於旺宮（寅午戌入廟、申子辰陷地、亥卯未得地），則富貴不小（為「鈴貪格」）。

女命陷地得之淫邪不免、外虛內狠，一生多是非為下賤。

行限逢之，雖旺地亦有驚險起伏；陷地則會有刑傷、病憂、官非，或六親寡合貧賤孤寒，喜會貧宿可解其惡。

三、綜合整理：

1. 火鈴夾命為敗局。
2. 火星會天馬為「戰馬」。
3. 武曲羊陀逢火宿，因財喪命。

4.火鈴沖會，較淫佚邪惡。

5.火鈴廟地，亦為福論。

6.羊、鈴入命，為下格。

7.火鈴會囚羊刑無吉解，行限須防刀厄。

8.七殺、鈴星，陣亡夭折。

9.鈴星、破星，奔波勞碌財星傾。

10.鈴、貪並守，將相之才。

11.火鈴居田宅，家中有膜拜香火的機率較大。

12.「火貪格」、「鈴貪格」，是為暴發格局。

地劫星、地空星

一、古賦文彙整

◎地劫星所主若何？

地劫星乃劫殺之神，守身命，作事疏狂，不行正道。二限逢之，會紫府左右魁鉞相助，亦防損失。若四煞空劫殤使巡逢，財散人亡。女人逢之，身懷六甲，須防產厄。

星名	地劫星
五行	丙火（陽火）
斗分	中天
化氣	耗
所主	劫殺之星
人物	

星名	地空星
五行	丁火（陰火）
斗分	中天
化氣	空
所主	空亡之星
人物	

◎地空星所主若何？

天空乃空亡之神，守身命，作事進退，成敗多端，若太歲二限逢之，無吉曜守照，災悔多端，主出家，入廟則吉。

◎地空地劫星所主若何？

劫空二星守命，遇吉則吉，遇凶則凶，加四煞沖照，輕者下賤，重者則六畜之命，僧道不正、女子婢妾，刑剋孤獨，大抵二星俱不宜見，定主破財，二限逢之必凶。

歌曰：

劫空為害最愁人，才智英雄誤一生；只好為僧併學術，堆金積玉也須貧。

◎劫空入命限吉凶訣

•地空入命吉凶訣：

命坐地空定出家，文昌天相實敢誇；若逢四殺同身命，受蔭承恩福可佳。

•地劫入命吉凶訣：

地劫從來生發疾，命中相遇多啾唧；若遇羊火在其中，辛苦持家房內室。

•地空入限吉凶訣：

空亡入限破田庄，妻子須防有損傷；財帛不惟多敗失，更憂壽命入泉鄉。

•地劫入限吉凶訣：

劫星二限若相逢，未免當年無禍危；太歲殺臨多疾厄，官符星遇有官府。

•空劫同入限吉凶訣：

極居卯酉劫空臨，為僧為道福興隆；樂享山林有師號，福壽雙全到古齡。

劫空二限最乖張，夫子在陳也絕糧；項羽英雄曾喪國，綠珠逢此墜樓亡。

二、新解破譯

地空星，太理想化、不可捉摸，有如在外太空一般；地劫星，是在地層深處無法探索。大抵而論，均代表著理想、神秘性格，而與現實有點脫節的現象；故空劫坐命者，屬智慧之星，且是一種天馬行空的智慧、一種超現實的性格且帶點疏狂，而思想與行為經常有脫節的現象；但很喜歡探究事因，這是因為他自己在現實生中無法立足，而展現出的一種酸葡萄思想行為模式。

此二星與現實、物質特別有關係，尤其是金錢，總是有所缺憾；除非此二星有受到很高的教育與智慧，而且能掌控其環境領域，如此才得以展現出其具體性的實際行動。

是位思想家，如宗教家、科學家（屬未知的科學探討，而非應用科學之屬）。與物質無緣，方能完全地展現其高超的理想境界，否則易為迷惑。

專劫掉現實的一切，尤其是金錢，故空劫坐命者或行運至此，往往會有缺錢的現象。

地空：半天折翅（往上飛掉），屬精神；地劫：浪裡行舟（往下沉沒），屬物質（均包括於精神範圍）。

空劫，總使人對現實感到缺憾不滿，且往往會在得到後感到無味、無意義想要放棄，故一般空劫坐命者，均與現實格格不入，且不能同流於現實，所以，往往在現實中總覺得有缺憾。

空劫大都會空掉男命：事業、金錢；女命：婚姻（等於女命的事業）、金錢，所以女命坐空劫，往往會有身體弱或要去扛生活上的負擔。

是一顆無法苟同現實的星，所以於人生的際遇總有一層一層不同型態的打擊，尤其是偏向於現實中的一切打擊；但若是朝智慧性的方向發展，則一生會很踏實愉快。

很奇怪地，任何人的命格幾乎何處是死門，就偏偏愛往此處闖，如空劫，一生就是與金錢物質無緣，但卻偏偏地成天在追求，當然，他若能跳脫出來，而朝向其智慧領域發展，則反能因此而得到金錢物質上之代價報酬。因此凡事隨緣莫強求。

（每顆星都有其生門與死門，若能從生門發展，則順暢遂意；然往往一般人均朝死門鑽，及五行中缺什麼，就會向何處鑽。）

- **空劫的生門：一是往智慧發展，一是勿貪戀物慾。**

職業大多以服務業居多（若主星為經商之星，有空劫仍然會經商，不過會有突然下墜之象）。

- 空入金宮則鳴，使金成中空而能生共鳴。
- 空入水宮則氾，使水中產生氣泡，或有氾濫成災不可收拾。
- 空入木宮則折，使樹木成中空。

•空入土宮則崩，使土質鬆動。

•空入火宮則發，使火中而盛滿空間、空氣。

一般而言，子午卯酉空劫坐命者，均能較有成就。

空劫是善良、宗教之星，亦是一顆最容易引起癌症之星。

空劫與煞星化忌同度，亦可空掉其一些的煞性，其它星亦然。

最好不要落入命身宮（十月生人是也）；另，以國運盤而論，空劫落入命身宮代表著改朝換代，因為沒有毀滅，哪來新的成功。

「浪裡行舟」亦有漂蕩或起起伏伏之象。另，田宅宮亦不能入，一旦入則會空掉我們的不動產，尤其是財物。

入財帛：代表比較會花錢（現金較保不住），但比入田宅宮（整個不動產）輕多了。

入兄僕：由於為不屬我之宮位，所以較沒有關係。

入疾厄：最好。代表能空掉疾病，一旦生病，恐有生命之虞。

入福德：代表奔走無力（開創、營生），但要與環境合參，然偏向於理想（因帶有理想，是為較不實際）。

三、綜合整理：

1.二限逢之，常人破財、官員防失職，凡事不遂。

2.空劫夾命為敗局。

3.空劫臨財福之鄉，生來貧賤。

4.空劫羊鈴，定做九流術士。

5.命逢空劫，不飄泊即疾苦。

6.二限逢空劫，防傾家蕩產。

7.空劫入命身，不適合經商或行投機風險之業，僅宜為人作嫁或自由業。

8.地空之星，主精神。

9.地劫之星，主物質。

10.天空星為生年支前一位安之，請謹慎！

※學斗數要以觀念著手，不要以文字依歸，尤其是古賦文中之詞句，已有很多

不符合時代趨勢，因此在研習上，千萬要以現實的狀況來作為演繹解釋的依據，否則定然會有徒增笑柄且落一無是處之下場。

第四章　副　星

陸續地將主星曜系（紫微星系、天府星系）、輔星系介紹完後，緊接著筆者也將一些雖然歸類於副星系列之諸星，但於實務應用上，卻也具有著實質且極大影響徵驗力之星曜亦彙集整理于後，以便於有心研習者之學習參考。

※ ※ ※ ※ ※

祿存星

一、古賦文彙整

◎祿存星所主若何？

祿存屬土，北斗第三司爵真人之星也。主人貴爵，掌人壽基，帝相扶之施權，日月得之增輝，天府武曲為厥職，天梁天同共其祥。十二宮惟身命田宅財帛為緊，主富，居遷移則佳。與帝星守官祿，宜子孫於爵秩。若獨坐命，而無吉化，乃看財奴耳。逢吉逞其權，遇惡敗其跡，最嫌落於陷空，不能為福，更湊火鈴空劫，巧藝安身，蓋祿爵當得勢而享之。守身命，主人慈厚信直，通文濟楚。女人清淑機巧，能幹能為，有君子之致。紫府廉同會合，作封贈上局。大抵此星諸宮降福消災，然祿存不居四墓之地者，蓋以辰戌為魁罡，丑未為貴人，故祿元避之，良有以也。

歌曰：

北斗祿存星，數中為上局。守值身命內，不貴多金玉。此為迪吉星，亦可登仕路。

文人有聲名，武人有厚祿。常庶發橫財，僧道亦主福。官吏若逢之，斷然食天祿。

又曰：

夾祿拱貴并化祿，金裏重逢金滿屋。不惟方丈比諸侯，一食萬鍾猶未足。

祿存對向守遷移，三合逢之利祿宜。得逢遐邇人欽敬，的然白手起家基。

◎祿存入命限吉凶訣

• 祿存入男命吉凶訣：

人生若遇祿存星，性格剛強百事成；官員遷兮昌曲會，滔滔衣祿顯門庭。
祿存守命莫逢沖，陀火交加福不全；天機空劫忌相會，空門僧道得清閒。

•祿存入女命吉凶訣：

女命若遇祿存星，紫府加臨百事寧；更遇同貞相湊合，必然註定貴夫人。
祿存入命陷宮來，空劫鈴火必為災；若無吉曜來相湊，夫妻分離永不諧。

•祿存入限吉凶訣：

祿存主限最為良，作事求謀盡吉祥；仕祿逢之多轉職，庶人遇此足錢糧。
祿存主限壽延長，作事榮謀萬事昌；更有科權兼左右，定知此限富倉箱。
祿存祿主多富足，婚姻嫁娶添嗣續；更兼科祿又同宮，必主榮華享厚福。
祿馬交馳限步逢，最怕劫同相遇同；更兼太歲惡星沖，限到其年入墓中。

二、新解破譯

屬陰土，與紫微星有點類似，主孤，亦主爵祿、尊貴。同樣是屬地下之土，但祿存是屬天賜之財，而紫微需去挖掘才有，故有祿存者，衣食無缺。

屬財星。化祿是活財、現金、靈活的財；祿存是固定的財，不缺乏，如薪水，為穩定之財。

也掌壽基之數（祿存掌壽元、機運），用法是以祿存所在之宮干去飛化（待高級再詳述）。

是吉星中很重要的星，最喜入田宅或三方四正。代表著一種穩定中求發展之徵象，亦可使桃花穩定下來而成為堅貞，如廉貪之屬；因此，祿存最好落入我宮，否則代表財入他人。

祿存亦是我積財之所，故祿存之人很守財，也很會藏財。如：入夫妻，則將財藏於配偶處；入子女，則將財藏於子女處；入疾厄，則將財藏於身體處，即有好吃的必先給自己吃；入僕役，則將財藏於朋友處（人際關係）；入田宅，則將財藏於家裡或於不動產處，古謂**「堆金積玉」**；入福德，則將財藏於自己福氣上、智慧上或價值觀。

祿存，前為羊（為攻擊、爭取、搶奪）、後為陀（要花錢則打結），故可謂賺錢很積極，而花錢則很守財。

祿馬，財馬，是為有錢之象。

祿存最喜與屬金的星在一起（如武曲），能成為富奢翁、高商巨賈，特別是入命、遷、田、財尤驗。

祿存逢屬土之星，能增加不動產，亦能積財。

（一般屬土一星，不管是否有逢祿存，其性格本就穩定，若加之，不過錦上添花而已。）

逢屬火（勇敢、暴發力）之星，可抑止火性而趨於穩定，也能增加土之厚度，所以，能更加地努力打拼奮鬥。如太陽飄飄之性逢祿存，則可穩定其個性而趨於實在與實際。

逢屬木之星，使木能受土的培養（土厚能生根、培根），如天機、貪狼為專才之藝。

逢屬水之星，祿存能抑水，使其不致氾濫成災，但有時因水不足而被土所剋，致而成為標準且安份守己的家庭人物。

祿存對羊陀火鈴（四煞）有穩定的作用，即如天府一般（降羊陀為從，化火鈴為輔），但這是一種「吉處藏凶」之意象，仍然是具有煞星辛勞與凶的一面。

祿存最怕逢空劫，表這塊土裡面是空的，可能會有一旦崩塌之象。若有命身宮逢祿存空劫，則一旦行運走到，會有崩塌失敗之象。

大致上而言，任何的星均喜歡祿存，因為它可增加吉的效應。

三、綜合整理：

1.女命，主清白秀麗，旺夫益子。（單守，嫁夫招贅財旺。）

2.雙祿守命，呂后專權。（祿存，化祿守命為「祿合鴛鴦格」；雙祿三方朝合謂之「雙祿朝垣格」。）

3.祿逢沖破，吉處藏凶。

4.祿存子午遷移位，身命逢之利祿宜。

5.祿存厚重多衣食。

6.明祿暗祿，位至公卿。（祿存與化祿暗合是謂，即六合也。）

7.祿存入命單守，六親無靠並多為離宗或他出，女命慎防中晚年喪夫孤剋。

8.祿存入命或財宮獨守，無吉化，是為守財奴。

9.祿存守於命身、財帛、田宅宮，主富。

10.祿文拱命，富貴雙全。（祿存守命，三合昌曲來拱謂之。）

11.祿居僕役，縱有官也奔馳。

12.祿存及化祿守命身，主富貴。

天馬星

一、古賦文彙整

◎天馬星所主若何？

天馬上界驛馬之星也，諸宮合有制化，如身命臨之，謂之驛馬，喜祿存、紫、府、昌、曲守照為吉。如大小二限臨之，更遇祿存、紫、府、流昌，必利此星。有制化者，如祿存同宮，謂之祿馬交馳。又曰紫府同宮，謂之扶輦馬，主勞。刑煞同宮，謂之負屍馬。火星同宮，謂之戰馬。日月同宮，謂之雌雄馬。與空亡同宮，謂之死馬、亡馬。居絕地，謂之死馬。遇陀羅，謂之折足馬。以上犯此數者，俱主災病，流年值之依此斷。

◎天馬入限吉凶訣

天馬臨限最為良，紫府祿存遇非常；官宦逢之應顯達，士人遇此赴科場。

天馬守限不得住，又怕劫空來相遇；更兼太歲坐宮中，限到其人尋死路。

二、新解破譯

天馬在數主奔馳，其性格好動、心神不寧，為人性情急躁，喜多變化的生活，逢善則喜、遇凶則凶，不耐靜，最喜與祿存、化祿交馳於身命。乘旺之地，財官雙美；若逢惡煞單守同度，則主凶死他鄉。

與陀羅同度曰「折足馬」，與火星同度曰「戰馬」，無吉皆主凶。

若逢太陰於亥宮名「財馬」，逢太陽於巳宮名「貴馬」，與武相同度於寅申加吉謂「財印坐馬」，與紫殺於巳亥謂「權馬」，皆吉。行限逢之，遇吉增吉、逢凶加凶。

入疾厄，多主流行之病症，但仍需參考其同度之星性而定；最忌逢空亡，主一生奔勞無所成。

天刑星

◎天刑星所主若何？

天刑守身命，不為僧道定主孤刑，不貧則夭，父母兄弟不得全，二限逢之，主出家，官事牢獄失敗，入廟則吉。

歌曰：

天刑未必是凶星，入廟名為天喜神。昌曲吉星來湊合，定然獻策到王庭。

刑居寅上并酉戌，更臨卯位自光明。必遇文星成大業，掌握邊疆百萬兵。

三不子兮號天刑，為僧為道是孤身。天哭二星皆同到，終是難逃有疾人。

二、新解破譯

天刑主刑夭，廟地又名天喜星，有權威，在數主醫藥。

天刑之性格帶孤獨高傲，有才幹，但多勞碌，入命易有傷殘官非；若入命或疾厄，幼年注意小兒痲痺症；旺地主有權威，逢太陽主有武貴；與文曲同度則允文允武成名邊域；最忌與天哭同度入命，則孤寒災疾不免、六親無依僅宜僧道。

此星以寅卯酉戌四宮為入廟，若其他諸宮有正星，廟旺亦可乘旺；但如逢惡煞沖破或正星陷弱，則孤剋帶疾延年；此星於旺地乘旺逢巨門、天梁或天相等，多主於司法界成名。

天姚星

一、古賦文彙整

◎天姚星所主若何？

天姚屬水，守身命，心性陰毒，作事多疑，好美顏色，風流多婢，又主淫佚。入廟旺，主富貴，多奴；居亥，有財有學。會惡星，破家敗業，因色犯刑，三合重逢，少年夭折。若臨限，不用媒妁，招手成親。或吉星加紫，剛柔相濟，主風流；加紅鸞愈淫，加刑刃，主夭。

歌曰：

天姚居戌卯酉遊，更入雙魚一併求。福厚生成耽酒色，無災無禍度春秋。

天姚星與敗星同，不曾安逸在宮中。如身偶爾值天姚，戀色貪花性帶凶。

此星若居生旺地，位登極品亦風騷。

二、新解破譯

天姚在數主愛慕、風流好淫。天姚之性格，廟地主有機謀、學術高深、文采風流、遊戲風塵，陷地則陰毒多疑，能應對、善察研觀色、肩好淫慾，加紅鸞更甚，且多因色惹禍破家敗產；入限，主無媒自招，加刑煞，主夭折；酉戌亥卯為入廟，陷第多作術士亦飄蕩。

※任何的桃花星均有人緣，再升級則具有才藝。

紅鸞星、天喜星

一、古賦文彙整

◎紅鸞星、天喜星所主若何？

紅鸞臨身命，主得吉慶之事，男招美妻，女招貴夫，入廟則吉，失陷則凶。

歌曰：

紅鸞星最喜婚配有良緣，更喜辰丑地富貴永綿綿，財貨十分美貌美事光妍，福德同身命超群眾所賢，更有流年論其星依此安，二星值此宿喜事定然來。

二、新解破譯

紅鸞天喜在數主婚姻喜慶。紅鸞的性格為流蕩且帶虛榮，主直爽且易與人接近性多變動，於早年逢之，主婚姻之喜：中年逢之，主得添丁、不然桃花或有喜慶團聚；老年逢之，不利，多喪妻之痛。此星若與桃花星同度，更增其淫慾；與大耗同度入命或財宮，主財不聚；若單守財宮，主愛賭博，為人較投機。

天喜之性格喜熱鬧，且帶衝動，外緣很好，但內心孤獨；為人主隨遇而安、多交遊、亦較泊，於早年逢之，多得長上之喜愛；中年逢之，多交友之緣份；老年逢之，多孤獨、易接近少年人；入財宮，財源不聚。

二星若交馳於疾厄之宮，且加擎羊入身命，或是同度於疾厄，主有血疾手術之苦；若紅鸞入命，則主早婚；天喜入命，則主早有婚約，但未必早婚，此二星若入夫妻亦有此論，但若逢煞破則不為此論。

行限逢天喜遇桃辰，則先有夫妻之實，至於補不補票則不一定。

天殤星、天使星

一、古賦文彙整

◎天殤、天使星所主若何？

天殤乃上天虛耗之神，天使乃上天傳使之神。

太歲、二限逢之，不問得地與否？只要吉多為福、其禍稍輕；如無吉，值巨門、羊、陀、火、忌、天機，其年必主官災、喪亡、破敗。

歌曰：

限至天耗號天殤，夫子在陳也絕糧；天使限臨人共忌，石崇鉅富破家亡。

二、新解破譯

天殤天使乃上天虛耗之神、傳使之宿。天殤，主虛耗及破財；天使，主虛耗及竊取、被虐待等。行限忌逢相夾或大小限各得其一之時，若正星陷弱加煞時，壽元有關津，再若昌曲之宿與傷使同度，行限逢之，亦主喪命夭折。

天殤行限逢之，易孤寡暗耗，加煞有官非重病；天使行限逢之加煞，易有被人誣陷、劫盜、橫破等情事。

天哭星、天虛星

一、古賦文彙整

◎天哭星、天虛星所主若何？

希夷先生曰：

哭虛為惡曜，臨命最非常。如臨父母內，破蕩賣田庄。
若教身命陷，窮獨帶刑傷。六親多不足，煩惱度時光。
東謀西不就，心事總茫茫。丑卯申宮吉，遇祿名顯揚。
二限若逢之，哀哀哭斷腸。

二、新解破譯

天哭星、天虛星，入命均不好。

天哭助巨門之凶，天虛助破軍之凶。天哭為人性孤僻勞碌，僅於丑卯申三宮吉多福，不然多刑剋破敗，若與巨暗同度主增凶、必有喪服，如行限之小限逢有喪門同度，必有喪事，不然破耗難免。

天虛之性格為華而不實、六親無依、孤寒貧賤，僅宜僧九流，若與破耗同度更添凶處到不利。女命逢其一時，必有破敗及喪孝服之憂，必正星廟旺、祿馬夾教方解。

孤辰星、寡宿星

◎新解破譯

孤辰之性格為孤僻而固執、飄泊而六親無依，加煞、多有破相殘疾及心理不正常之人；寡宿之性格為孤獨而不近人情、飄泊而親無依，多相貌可怪異之人。二星最忌入財帛，不論正星廟旺與否，皆主財耗失，入命則男孤女寡，再如身命二宮逢之，則本家人丁不旺；女命則外家無後嗣。

龍池星、鳳閣星

◎新解破譯

龍池、鳳閣輔天府、天相以增享受。龍池之性格為聰明且有作為、文雅有聲譽，專輔天府之功，可增飲食之享受；鳳閣之性格無敏捷、而好服飾之講究，有文章之美而風流亦有聲譽。

此二星專輔天府與天相以增貴及享受；若入身命逢煞沖破，則龍池主有耳疾或一耳有聾，鳳閣則主牙齒早衰壞。

恩光星、天貴星

◎新解破譯

恩光星，專輔天魁、是為魁之子；天貴星，專輔天鉞、是為鉞之女。恩光之性格為處事謹慎小心、光明磊落、有才藝亦風流，一生多近上貴，專佐天魁以增貴；天貴之性格為厚重篤實，但略帶孤僻偏激，一生多得上司之寵信與提拔，專佐天鉞以增聲明與人緣。

此二星入命，多是重信用且言出必行之人，亦可破解「**破碎**」之凶應。

三台星、八座星

◎新解破譯

三台八座輔日月之光。三台之性格有威嚴、耿直無私，逢吉加吉祥。八座之性格為直爽而急躁、口快心直且善良多義，逢吉亦加吉祥。此二星若與日月同度或三合，可增日月之光輝，十二宮中無失陷。

華蓋星

◎新解破譯

華蓋在數為威儀、儀表，華蓋之性格帶孤獨而有宗教信仰、高傲不群、直言無忌、喜助弱者、君子遠之，小人畏之。此星逢日月主增威儀，若與孤辰或寡宿同度，則男孤女寡之命。

咸池星

◎新解破譯

咸池又名桃花煞，在數，主邪淫、有後遺症、較低級的、怪異的、肉體性的桃花，其性格為浮蕩而虛華、好色而淫慾帶孤剋、多疾病、為人好酒及賭博；加煞，有特殊的嗜好，忌逢桃花星辰則更凶。

破碎星

◎新解破譯

破碎在數，主殘破不全，其性格孤寒而勞碌、坐立不寧少成多敗、且是非。此星入命或行限，主作事將成而生波折、反覆顛倒多不稱意，尤以早年逢之更甚；若有魁鉞相夾相會，主雖有貴助而機緣不巧；此星若居財宮則財不聚，居官祿則事業不順，唯恩光可解。

（破碎最易空亡掉魁鉞的的時機，而**「恩光、天貴」**可解其破碎性。）

天空星

◎新解破譯

天空又名駕空，生年地支前一位安之。在數管身主命之宿；命身主及祿存逢此宿，閻王不怕你英雄；身命逢之，無吉多孤寡僧道；若二主入天空逢空劫同度，無吉有煞，多主夭折，並若祿存厚重之星逢此宿，雖乘旺但卻是有若無；逢煞忌，有衣食不足之徵象。

※註：「天空星」，本就是一顆獨立的星曜，但有許多的人都將其誤認為是「地空星」，在此特將其提出更正提醒。

化祿星

一、古賦文彙整

◎化祿星所主若何？

化祿為福德之神，守身命官祿之位，科權祿拱，必作柱石之臣。小限逢之，主進財之喜，大限十年吉慶。惡曜來臨，并陀羊火忌沖照，亦不為害。婦人吉湊，作命婦。二限逢之，內外威嚴；煞沖平常。

•化祿入命限吉凶訣：

十干化祿最為榮，男命逢之福自申；武職提名邊塞上，文人名譽滿朝廷。祿主天同遇太陽，常人大富足田庄；資財六畜皆生旺，凡有施為盡吉祥。（雙祿會逢，主富貴亦專權；祿會逢科權，必作大臣之職。）

•化祿入限斷訣：

限中若遇祿來臨，爵位高陞佐聖明；常庶相逢當大貴，自然蓄積廣金銀。

化權星

一、古賦文彙整

◎化權星所主若何？

化權者，掌判生殺之神，守人身命，科祿相逢，出將入相；科權相逢，文章冠世，亦且古怪，主人欽仰。小限相逢，無有不吉，大限十年必遂亨通。如逢羊陀耗使劫空，聽讒貽累，官災貶謫。女人得之，內外稱意，可作命婦，僧道掌山林，有師號。

◎化權入命限吉凶訣

•化權入男命吉凶訣：

權星最喜吉星扶，事業軒昂膽氣粗；更值巨門兼武曜，三邊鎮守掌兵符。

•化權入女命吉凶訣：

化權吉曜喜相逢，更吉加臨衣祿豐；富貴雙全人性硬，奪夫權柄福興隆。

（註：性質與紫微加殺、或廉貞類似，自傲又好勝。權科祿逢會，出將入相；權科相會，文章蓋世；權祿會逢，主財富權勢雙全。）

•化權入限斷訣：

此星主限喜非常，官祿高陞佐帝王；財帛豐添宜創業，從今家道保安康。

權星比遇武貪臨，作事求謀盡得成；士子名高添福祿，庶人得此積金銀。

化科星

一、古賦文彙整

◎化科星主若何？

化科者，上界應試主掌文墨之星。守身命、權祿相逢，宰臣之貴，如逢惡曜，亦為文章秀士，可作群英師範。女命吉拱，主貴封贈，雖四煞沖破，亦為富貴，與科星拱沖同論。

◎化科入命限吉凶訣

•化科入男命吉凶訣：

科星文宿最為奇，包藏錦繡美文章；一躍禹門龍變化，管教聲達譽朝堂。

科星入命豈尋常，錦繡才華展廟廊；更遇昌曲魁鉞宿，龍門一躍姓名揚。

•化科入女命吉凶訣：

化科女命是良星，四德兼全性格清；更遇吉星權祿湊，夫榮子貴作夫人。

（註：化科性質類似昌曲，比較偏向文曲性質。科權祿三奇相會，三公之貴；科權相會，文章播遠名；科祿相會，為官爵祿無慮。）

•化科入限斷訣：

科星二限遇文昌，士子逢之始名香；僧道庶人多富貴，百謀百遂事英揚。

化忌星

一、古賦文彙整

◎化忌所主若何？

化忌為多管之神，守身命，一生不順，小限逢之，一年不足，大限逢之，十年悔吝。二限太歲交臨，斷然蹭蹬。文人不耐久，武人，縱有官災，口舌不妨。雖商賈藝人，處處不宜。如會紫府昌曲左右科權祿與忌同，富貴。兼四煞共處，即係發，不住財，祿主蹇於陷地；苗而不秀，科星陷於凶鄉是也。如單逢四煞耗使劫空，主奔波帶疾，僧道流移還俗。女人一生貧夭。或太陽在寅卯辰巳化忌，太陰在酉戌亥子化忌反為福論。其餘諸星化忌，各審五行不同，如廉貞在亥化忌，是為火入水鄉，又逢水命，入忌不為害。

◎化忌入命限吉凶訣

•化忌入男命吉凶訣：

諸星化忌不宜逢，更會凶星愈肆凶；若得吉星來救助，縱然富貴不豐隆。
貪狼破軍居陷地，遇吉化忌終不利；男為奸盜女淫娼，加殺照命無眠睡。

•化忌入女命吉凶訣：

女人化忌本非奇，更遇凶星是禍基；衣食艱辛貧賤甚，吉星湊合減災危。

•化忌入限斷訣：

忌星入廟反為佳，縱有官災亦不傷；一進一退名不遂，更兼遇吉保安康。

二限空中見忌星，致災為禍必家傾；為官退職遭贓濫，胥吏須防禁杖刑。
忌星落陷在閑宮，惡殺加臨作禍凶；財散人離多疾苦，傷官退職孝重逢。

太歲

一、古賦文彙整

◎太歲所主若何？

太歲為當年歲之君，水之精也。與眾星不睦，遇紫府左右昌曲魁鉞扶持，災少亦防六畜之災。遇四煞耗使，財散人亡，女人防災厄，此星喜守遷移財帛官祿三方，又喜紫府左右、機梁日月，入廟則吉，陷加煞則凶。

歌曰：

太歲當頭坐，諸神不敢當。任是鐵羅漢，也吃皺眉湯。逢凶偏作惡，年辰遇必殃。

若遇科權祿，橫發不尋常。忌宿臨其內，夾限必身亡。更有流年論，重逢限不良。

若還臨命限，災殃有刑傷。更值官符宿，未免犯官防。若遇吉星湊，方可免災殃。

◎歲君入限斷訣：

太歲之星不可當，守臨宮限要推詳；若無吉曜來相助，未免官災鬧一場。

丙級星

丙級星原則上力量較甲級星為弱、乙級星為次，若會有力主星及六吉星，能發揮優點、失去缺點。倘若會之主星無力，且逢煞沖破，缺點就顯現出來。基本上，丙級星以會遇相同性質之星曜為佳，遇不同性質之強星會失去力量。

十二長生星

長生：表示「**發生**」之現象，入十二宮皆以吉論，不喜空亡同宮；入命主溫良敦厚、壽命長；與天機同宮最能發揮力量；幼年行運最宜逢長生，但老年逢不吉。

沐浴：為桃花地，喜入夫妻宮，主閨房和諧，或與空亡同守亦以吉論。入身命宮、財、田、官，主破財失職，限年逢同論，入酉宮不吉。沐浴之破財通常與異性有關，入命一生感情糾紛多、職業不安定；「生年逢敗地發也虛花」，即指命入沐浴地而言。

冠帶：主喜慶，入任何宮位皆吉。入命宮，主好勝心強、對自己要求很高、喜歡批評人家、對事要求苛刻、有名、有威權、事事先為自己打算。

臨官：主喜慶，入任何宮位皆吉。入命宮，早年不順、白手起家，中晚年有成。若為巨富之命，主早年喪妻，不富有則主高壽。

帝旺：入任何宮位皆吉。入命則主其人氣傲、做事一意孤行、不依賴人、獨來獨往，全憑自己的喜好去創造、不向人低頭，也由於太過自傲、易於得罪人，因此成功得來頗為艱辛；身體強壯。女命帝旺入命，有男子氣概、貞潔。

衰：入命身宮，表其人沒有一點生氣。少運限年逢，喜吉星化解，要不然不活潑。入命外表沉靜、內心急躁、沒有耐性，宜守成、不宜創業，若自創業艱難困苦多。女命逢「**衰**」入命，外貌文靜、秀氣，內心刁蠻。

病：主疾厄，故不喜入命宮與疾厄宮；少年大限逢，不吉。入命、疾，表名聲不響亮、喜歡幻想、做事沒有恆心；老少逢皆主疾病。

死：並非表示死亡，不喜入命、父、兄宮，忌老少運逢；入命限，主官訟是非、破財、疾病；加吉好些，否則帶病延年。個性優柔、固執、喜歡鑽牛角尖，惟仍需考慮加會之主星始可確論。

墓：主暗藏，沒有明顯的表現，惟暗中具有力量；喜入財官二宮。

絕：入命身宮，主孤獨。

胎：為吉星，主增益，不喜入旺運（中年），也忌逢空亡。

養：利於培養孕育，主希望無窮，入任何宮位皆吉。

十二博士星

博士：入命主聰明、含蓄、智慧、思想城府、有權有壽、很有文人的氣息，會昌曲、化科有成就；與左右、魁鉞同守命宮，頗能發揮長才。

力士：為權星，可操持權柄，遇陀羅講話俗不可耐；會擎羊考場不如意，賦文云：李廣不封。屆中晚年費盡心機仍不見有成效；若能得同宮之主星化權則吉。

青龍：主喜事或進財。適婚年齡流年逢之，主可以結婚；入命，個性善變，一生多酒色。

小耗：又稱地耗。入命主不聚財、但耗財較小；不宜與人合夥。會廟旺主星較吉利，惟仍不免被偷盜；流年或流月之命、財逢小耗，再加會其他煞星，有遺失財物之可能。

將軍：主威權。入命個性暴躁；性急；流日逢之，主得意。

奏書：主福祿，是因文書或撰述得意，如投稿被刊登、或受人讚賞；流年、流月逢之，申請案件容易通過。

蜚（飛）廉：主孤剋。忌入命身父母宮，有遭嫉妒、詆譭或誹謗之象。

喜神：主吉慶喜事。其力量較天喜星小、且不帶桃花；大限逢加桃花星，主感情事可以持續、且能夠結婚。

病符：主災病。入命或疾厄，主病危纏身；流年逢，主災病；加煞。流月逢之。亦不吉利。

大耗：是破耗之星，難承祖業。入命，主時有失物或較無整理物品的習慣；若與桃花星同宮，會因色破財或煩憂。流年逢「**大耗**」最好動土，否則夫妻恐不圓滿；小限遇之，易遭盜賊破財或不會受提拔。

伏兵：主口舌是非。星性與陀羅相似、惟力量較弱。

官符：主官非訴訟。不喜加會七殺、白虎、喪門、弔客，流日逢之，較有口舌是非，要不然就是破財損耗。

※較少用到的星

截路：有攔截之意，不利錢財、事業。行限或流年逢此星，有受阻之現象，但

◎太玄賦：

斗數，至玄至微，理旨難明，雖設問於各篇之中，猶有言而未盡，至如星之分野，各有所屬，禍福深淺，壽夭賢愚，貧淫正直，各有所司，不可一概論議。其星分佈一十二垣，數定乎三十六位，入廟為奇，失度為需，大抵以生命為福德之本，加以根源為窮通之資。

星有同躔，數有分定，須明其生剋之要，必詳乎得垣失度之分。

觀乎紫微舍躔，司一天儀之象，率列宿而成垣，土星苟居其垣，若可移動，金星專司財庫，最怕空亡。

帝星動則列宿奔馳，貪守空而財源不聚。

各司其職，不可參差。苟或不察其機，更忘其變，則數之造化遠矣。

例曰：

祿逢沖破，吉處藏凶；馬遇空亡，終身奔走。生逢敗地發也虛花；絕處逢生，花而不敗。

星臨廟旺，再觀生剋之機；命坐強宮，細察制化之理。日月最嫌反背，祿馬最喜交馳。

倘居空亡，得失最為要緊；若逢敗地，扶持大有奇功。

紫微天府全依輔弼之功，七殺破軍專依羊鈴之虐。

諸星吉逢凶也吉；諸星凶，逢凶也凶。輔弼夾帝為上品，桃花犯主為至淫。

君臣慶會，才善經邦；魁鉞同行，位至台輔。祿文拱命，富而且貴；日月夾財，不權則富。

馬頭帶劍，威震邊疆；刑求夾印，刑杖惟司。

善蔭朝綱，仁慈之長；貴入貴鄉，逢之富貴；財居財位，遇者富奢。

太陽居午，謂之日麗中天，有專權之貴，敵國之富。

太陰居子，號曰水澄桂蕚，得清要之職，中諫之才。

紫微輔弼同宮，一乎百諾居上品；文耗居寅卯，謂之眾水朝東。

日月守不如照合，蔭福聚不怕凶危。貪居亥子，名為犯水桃花；忌遇貪狼，號曰風流綵杖。

七殺廉貞同位，路上埋屍；破軍暗耀同鄉，水中作塚。

祿居奴僕縱有官也奔馳，帝遇凶徒雖獲吉而無道；

帝坐命庫則曰金輿捧櫛，福安文耀謂之玉袖天香。

太陽文昌於官祿宮，皇殿朝班，富貴全美；太陰會文曲於妻宮，蟾宮折桂，文章令聞。

祿存守於田財，堆金積玉；財蔭坐於遷移，巨商高賈。

耗居祿位，沿途乞食；貪會旺宮，終身鼠竊。

殺居絕地，天年夭似顏回；貪坐生鄉，壽考永如彭祖。

忌暗同居身命疾厄，沉困尪羸，凶星會於父母遷移，刑傷破祖；

刑煞同廉貞於官祿，枷扭難逃，官符加刑煞於遷移，離鄉遭配。

善福居空位，天竺生涯；輔弼單守命宮，離宗庶出。

七殺臨於身命逢羊刃，戰陣而亡；鈴羊合於命宮遇白虎，須當刑戮。

官符發於吉曜流煞，怕逢破軍；羊鈴憑太歲以引行，病符官符皆坐禍。

奏書博士與流祿，盡作吉祥；力士將軍同青龍，以顯其權。

童子限如水上泡沫，老人限似風中殘燭。

遇煞無制乃流年最忌，人生榮辱限元必有休咎，命限逢乎駁雜。學至此誠玄微矣，示爾學徒，勤予參考。

◎玄微賦

希夷先生曰：

斗數之列眾星，由大易之分八卦，八卦非彖繫不明，五星非講明何措，是以觀斗數者，再三審動靜之機，第一辨賓主之分，動靜循環不已，主賓更迭無拘，主若無情，何賓之有，賓不能對，何足取哉！愧彼羊陀，惟視祿存之好惡，笑吾日月也。思空劫之興亡，殺有殺而無刑，雖殺有救；刑有刑而易單，終身不剋。火星旺宮為富論，羊陀得令豈凶神？兩鄰加侮尚可撐持，同室與謀最難防備。斤火焚天馬，重羊逐祿存。劫空親戚無常，權祿行藏靡定。君子哉魁鉞，小人也羊鈴。兇不皆兇，吉無純吉。主強賓弱，可保無虞。主弱賓強，凶危立見。主賓得失兩相宜，限運命身當互見。身命最嫌羊陀七殺，遇之未免為凶。二限甚忌貪破巨貞，逢之定然作禍。命遇魁昌當得貴，限逢紫府定財多。凡觀女人之命，先觀夫子二宮，若值煞星，定三嫁而心不足，或逢羊陀，須啼哭而淚不乾。若觀男命，始以福財為主，再審遷移如何，二限相因，吉凶同斷。限逢吉曜，平生動用和諧；命作凶鄉，一是求謀齟齬。廉祿臨命，女德純陰貞潔之德；同梁守命，男得純陽中正之心。君子命中亦有羊陀四殺，小人命中豈無科祿權星，要看得垣失垣，專論入廟失陷。若論小兒，詳推童限，小兒命生凶鄉，三五歲必然夭折，更有限逢惡殺，五七歲必至夭亡。文昌文曲天魁秀，不讀詩書也可人。多學少成，只為擎羊逢劫殺。為人好訟，蓋因太歲遇官符。命之理微，熟察星辰之變化；數之理遠，細詳格局之興衰。北極加凶殺，為道為僧；命遇凶星，為奴為僕。如武破廉貪，固深謀而貴顯，加羊陀空劫，反小志以孤寒。限輔旺星，雖弱而不弱；命臨吉地，雖凶而不凶。斷橋截路，大小難行；卯酉二空，聰明發福。命身遇紫府，疊積金銀；二主逢劫空，衣食不足，謀而不遂。命限遇入擎羊，東作西成。限身遭逢府相科權祿拱，定為攀桂之高人。空劫羊鈴，決作九流術士。情懷舒暢，昌曲命身；詭詐虛浮，羊陀陷地。天機天梁擎羊會，早見刑剋晚見孤。貪狼武曲廉貞逢，少受貧而後受福。此皆斗數之奧訣，學者熟之。

◎星垣論

紫微帝座，以輔弼為佐貳，做數中之主星，乃有用之源流。是以南北二斗集而成數，為萬物之靈。蓋以水淘溶，則陰陽既濟，水盛陽傷，火盛陰滅，二者不可偏廢，故得其中者，斯為美矣。寅乃木之垣，乃三陽交泰之時，草木萌芽之所主，至於卯位，其木至旺矣。貪狼天機是廟樂，故得天相水到寅為之旺相、巨門水到卯為之疏通。木賴土栽培，加以水之交灌，三方更得文曲水、破軍水相會尤妙。又加祿存土極美矣、巨門水到丑，天梁土到未，陀羅金到於四墓之所。苟或得擎羊金相會，以土為金墓，則金通不凝。加以天府土、天同水以生之，是為金趁土肥，順其德以生成。夫巳午未乃火位，巳為水土所絕之地，更午垣之火，餘氣流於巳，水則倒流，火氣逆燄，必歸於巳。午屬火德，能生於巳絕之地，所以廉貞火居焉。至於午火旺離明，洞徹表裏，而文曲水入廟。若會紫府，則魁星拱斗，加以天機木、貪狼木，謂之變景，愈加奇特。申酉屬金，乃西方太白之氣，武曲居申而好生，擎羊居酉為角煞，加以巨門、祿存、陀羅、天梁而助之愈急，須得逆行，逢善化惡，是謂妙用。亥水屬文曲破軍之廟地，乃文明清高之星，萬里脈源之潔，如大川之澤，可潤枯焦。

居於亥位，將入天河，是故為妙。破軍水於子旺之鄉，如巨海之浪、澎湃洶湧，可遠觀而不可以近倚，破軍是以居焉，若四墓之剋，充其瀰漫，亥子上文曲，必得武曲之金，使其源流不絕，方為妙矣。其餘諸星以身命推之，無施不可，至玄至妙者矣。

◎斗數骨髓論

太極星躔，乃群宿眾星之主。天門運限，即扶身助命之源。
在天則運用無常，在人則命有格局。先明格局，次看惡星。
或有同年同月同日同時而生，而有貧賤富貴壽夭之異；
或在惡限積百之金銀；或在旺鄉遭連年之困苦；
禍福不可一途而尚；吉凶不可一事而推。
要知一世之榮枯，定看五行之宮位。
立命可知貴賤，安身便曉根基。
第一先看福德，在三細考遷移，分對宮之體用，定三合之源流。

命無正曜，夭折孤貧；吉有兇星，美玉玷瑕。

既得根源堅固，須知合局相生，堅固則富貴延長，相生則財官昭著。

命好身好限好，到老榮昌；命衰身衰限衰，終身乞丐。

夾貴夾祿少人知，夾權夾科世所宜。

夾日夾月誰能遇，夾昌夾曲主貴兮。

夾空夾劫主貧賤，夾羊夾陀為乞丐。

廉貞七殺反為積富之人，天梁太陰卻作飄蓬之客。

廉貞主下賤之孤寒，太陰主一生之快樂。

生來貧賤，劫空臨財福之鄉。出世榮華，權祿守身命之地。

先貧後富，須還命值武貪。先富後貧，只為運逢劫殺。

文昌文曲，為人多學多能；左輔右弼，生性克寬克厚。

天府天相乃為衣祿之神，為仕為官定主亨通之兆。

苗而不秀，科星陷於凶鄉。發不住財，祿主躔於弱地。

七殺朝斗，爵祿榮昌；紫府同宮，終身福厚。

紫微居午無殺湊，位至公卿。天府臨戌有星扶，腰金衣紫。
科權祿拱，文譽昭彰。武曲廟旺，威名顯奕。科明祿暗，位列三台。
日月同宮，官居侯伯。巨機同宮，公卿之位。貪鈴並守，將相之名。
天魁天鉞，蓋世文章。天祿天馬，驚人甲第。
左輔文昌吉星會，尊居八座。貪狼火星居廟旺，名鎮諸邦。
巨日同宮，官封三少。紫府朝垣，食祿萬鍾。
科權對拱，躍三汲於禹門。日月並明，佐九重於堯殿。
府相同來會命宮，全家食祿。三合明珠生旺地，穩步蟾宮。
七殺破軍宜出外，機月同梁作吏人。
紫府日月居旺地，定斷公侯器。日月科祿丑宮中，定是方伯公。
天梁天馬陷，飄蕩無疑。廉貞殺不加，聲名遠播。
日照雷門，榮華富貴。月朗天門，進爵封侯。
寅逢府相，位登一品之榮。墓會左右，尊居八座之貴。
梁居午地，官資清顯。曲遇梁星，位至台綱。

科祿巡逢，周勃欣然入相。文星暗拱，賈誼允矣登科。
擎羊火星，威權出眾。同行貪武，威壓邊夷。
李廣不封，擎羊逢於力士。顏回夭折，文昌陷於天殤。
仲由猛烈，廉貞入廟遇將軍。子羽才能，巨宿同梁沖且合。
寅申最喜同梁會，辰戌應嫌陷巨門。
祿倒馬倒，忌太歲之合劫空。運衰限衰，喜紫微之解兇惡。
孤貧多有壽，富貴即夭亡。
吊客喪門，綠珠有墜樓之厄。官符太歲，公冶有縲絏之憂。
限至天羅地網，屈原有沉溺之殃。限逢地劫地空，阮籍有途窮之苦。
文昌文曲會廉貞，喪命天年。命空限空無吉湊，功名蹭蹬。
生逢地空，猶如半天折翅。命中遇劫，恰如浪裡行舟。
項羽英雄，限至地空而喪國。石崇富豪，限行地劫以亡家。
呂后專權，兩重天祿天馬。楊妃好色，三合文昌文曲。
天梁遇馬，女命賤而且淫。昌曲夾墀，男命貴而且顯。

極居卯酉，多為脫俗之僧。貞居卯酉，定是公胥之輩。
左府同宮，尊居萬乘。廉貞七殺，流蕩天涯。
鄧通餓死，運逢大耗之鄉。夫子絕糧，限到天殤之地。
鈴昌陀武，限至投河。巨火擎羊，終身縊死。
命裡逢空，不飄流即主貧苦。馬頭帶劍，非夭折即主刑傷。
子午破軍，加官進爵。昌貪居命，粉身碎骨。
朝斗仰斗，爵祿榮昌。文桂文華，九重顯貴。
丹墀桂墀，早遂青雲之志。合祿拱祿，定為巨擘之臣。
陰陽會昌曲，出世榮華。輔弼遇財官，衣緋著紫。
巨梁相會廉貞併，合祿鴛鴦一世榮。
武曲閒官多手藝，貪狼陷地作屠人。
天祿朝垣，身榮富貴。魁星臨命，位列三台。
武曲居乾戌亥上，最怕太陰逢貪狼。
化祿還為好，休向墓中藏。

子午巨門，石中隱玉。明祿暗祿，錦上添花。

紫微辰戌遇破軍，富而不貴有虛名。

昌曲破軍逢，刑剋多勞碌。貪武墓中居，三十才發福。

天同戌宮為反背，丁人化吉主大貴。

巨門辰戌為陷地，辛人化吉祿崢嶸。

巨機酉上化吉者，縱遇財官也不榮。

日月最嫌反背，乃為失輝。身命定要精求，恐差分數。

陰鷲延年增百福，至於陷地不遭傷。

命實運堅，槁苗得雨；命衰限衰，嫩草遭霜。論命必推星善惡，巨破擎羊性必剛。

府相同梁性必好，火劫空貪性不常。

昌曲祿機清秀巧，陰陽左右最慈祥。

武破廉貪沖合，局全固貴；羊陀七殺相雜，互見則傷。

貪狼廉貞破軍惡，七殺擎羊陀羅凶。

火星鈴星俱作禍，劫空殤使悔重重。
巨門忌星皆不吉，運身命限忌相逢。
更兼太歲官符至，口舌官非決不空。
吊客喪門又相遇，管教災疾兩相攻。
七殺守命終是殀，貪狼入命必為娼。
心好命微亦主壽，心毒命固亦夭亡。
今人命有千金貴，運去之時豈久長，
數內包藏多少理，學者學者須當仔細詳。

◎玉蟾發微論

白玉蟾先生曰：
觀天斗數與五星不同，按此星辰與諸術大異。
四正吉星定為貴，三方煞拱少為奇；
對照兮詳凶詳吉，合照兮觀賤觀榮。

吉星入垣則為吉，凶星失地則為凶。
命逢紫微，非特壽而且榮；身遇煞星，不但貧而且賤。
左右會於紫府，極品之尊；科權陷於凶鄉，功名蹭蹬。
行限逢乎弱地，未必為災；立命會在強宮，必能降頑。
羊陀七殺，限運莫逢，逢之定有刑傷；
天哭喪門，流年莫遇，遇之實防破害。
南斗主限必生男，北斗加臨先得女。
科星居陷地，燈火辛勤；昌曲在弱鄉，林泉冷淡。
奸謀頻設，紫微愧遇破軍；淫奔大行，紅鸞差逢貪宿。
命身相剋，則心亂而不閒；玄嫗三宮，則邪淫而耽酒。
煞臨三位，定然妻子不和；巨到二宮，必是兄弟無義。
刑煞守子宮，子難奉老；諸凶照財帛，聚散無常。
羊陀守疾厄，眼目昏盲；火鈴到遷移，長途寂莫。
尊星列賤位，主人多勞；惡星應命宮，奴僕有助。

官祿遇紫府，富而且貴；田宅遇破軍，先破後成。
福德遇空亡劫，奔走無方；相貌加刑煞，刑剋難免。
後學者執此推詳，萬無一失。

◎女命骨髓賦

府相之星女命躔，必當子貴與夫貴。
廉貞清白能字守。更有天同理亦然。
端正紫微太陽星，早遇賢夫性可憑。
太陽寅到午，遇吉終是福。
左輔天魁為福壽，右弼天相福來臨。
祿存厚重多衣食，府相朝垣命必榮。
紫府巳亥相互輔，左右扶持福必生。
巨門天機為破蕩。天梁月曜女命貧。
擎羊火星為下賤。文昌文曲福不全。

武曲之宿為寡宿。破軍一曜性難明。
貪狼內狠多淫佚。七殺沈吟福不生。
十干化祿最榮昌，女命逢之大吉祥，
更得祿存相湊合，旺夫益子受恩光。
火鈴羊陀及巨門，地空地劫又相臨，
貪狼七殺廉貞宿，武曲加臨剋害侵。
三方四正嫌逢煞，更在夫宮禍患深，
若值本宮無正曜，必主生離剋害真。
已前論賦，俱係看命之要訣，
學者宜熟玩之，乃得原委也。

◎補遺骨髓賦

祿有對面在遷移，子午逢之利祿宜；德合吉壤人尊重，雙全富貴人稀奇。
祿權周勃命中逢，入相王朝贊聖功；迎合權星兼吉曜，巍巍富貴列三公。

天星左右最高明，若在三方祿位興；武職高登應顯佐，文人名譽列公卿。
格名文武少人知，遇此須教百事通；更值命宮無殺破，滔滔榮顯是英雄。
文昌文曲最榮華，值此須生富貴家；更得三方祥曜拱，卻知錦上又添花。
巨門子午二宮逢，身命逢之必貴榮；更得三方科祿拱，石中隱玉是豐隆。
火遇貪狼照命宮，封侯食祿是英雄；三方倘若無凶殺，到老應知福壽隆。
貪月同殺會機梁，因財記利作經商；須知暮夜無眠睡，潮海營營自走忙。
經商紫府遇擎羊，武曲遷移利市場；殺破廉貞同左右，羊鈴火宿遠傳揚。
閑宮貪狼何生業，不是屠人須打鐵；諸般巧藝更能精，性好遊畋並捕獵。
破武未宮多巧藝，巳亥安命正相宜；破軍廉貞居卯酉，細巧之人定藝奇。
天機天相命身中，帝令財星入墓宮；天府若居牽動位，平生定是作奇工。
極居卯酉遇劫空，十人之命九人僧；道釋岩泉皆有分，清閒幽靜度平生。
命坐空鄉定出家，文星相會實堪誇；若還文曲臨身命，受蔭清閒福可嘉。
天機七殺破梁同，羽客僧流命所逢；更若太陽兼帝座，伶仃孤剋命方終。
貪狼入廟最高強，南極星同壽命長；北斗帝星無惡殺，綿綿老耄衍楨祥。

七殺臨身終是夭，貪狼入廟定為娼；前示三合相臨照，也學韓君去竊香。
身命兩宮俱有殺，貪花戀酒禍猶深；平生二限來符會，得意之中卻又沉。
命中羊陀殺守身，火鈴坐照福非輕；平生若不常年臥，也做陀腰曲背人。
相貌之中逢殺曜，更加三合又逢刑；疾厄擎羊逢耗使，折傷肢體不和平。
文曲天相破軍星，計策偏多性更靈；更加三方昌曲會，一生巧藝有聲名。
太陰入廟有光輝，財入財鄉分外奇；破耗凶星皆不犯，堆金積玉富豪兒。
命中吉曜不來臨，火忌羊陀四正侵；武曲廉貞巨破會，一生暴怒又身貧。
命逢破耗與貪貞，七殺三方照及身；武曲更居遷動位，一生面背刺痕新。
吉曜相扶凶曜臨，百般巧藝不通亨；若逢身命遇惡曜，只做屠牛宰馬人。

◎形性賦

紫微帝座，生為厚重之容。
天府尊星，當主純和之體。
金烏：圓滿。（金烏，即太陽是也。）

痕。

玉兔：清奇。（玉兔，即太陰是也。）
天機：為不長不短之資，情懷好善。
武曲：乃至剛至毅之操，心性果決。
天同：肥滿，目秀清奇。
廉貞：眉寬，口闊面橫，為人性暴，好忿好爭。
貪狼：為善惡之星。入廟，必應長聳；出垣，必定頑囂。
巨門：乃是非之曜。在廟，敦厚溫良。
天相：精神，相貌持重。
天梁：穩重，心事玉潔冰清。
七殺：如子路，暴虎馮河。
火、鈴：似豫讓，吞炭裝啞。
暴虎馮河兮，必太凶狠；吞炭裝啞兮，暗狠聲沉。
俊雅文昌，眉清目秀。磊落文曲，口舌便佞。在廟，定生異痣；失陷，必有斑左輔、右弼：溫良規模，端正高士。
天魁、天鉞：具足威嚴，重合三台，則十全模範。
擎羊、陀羅：形醜貌麁，有矯揉體態。
破軍：不仁，背重眉寬，行坐腰斜，奸詐，好行驚險。
性貌如春和藹：乃是祿存之情德。
情懷似火鋒衝：此誠破耗之威權。
星論廟旺，最怕空亡。殺落空亡，竟無威力。
權、祿：乃九竅之奇。
耗、殺：散平生之福。
祿逢梁蔭：抱私財益與他人。
耗遇貪狼：傳淫情於井底。
貪星入於馬垣：易善易惡。
惡曜扶同善曜：稟性不常。
財居空亡：巴三覽四。

文曲旺宮：聞一知十。

暗合廉貪：為貪濫之曹吏；身命司數，實奸盜之技兒、豬屠之流。

善、祿：定是奇高之藝，細巧伶俐之人。

男居生旺，最要得地；女居死絕，專看福德。

命最嫌於敗位，財源最怕空亡。

機、刑、殺、蔭孤星論，嗣續之宮，加惡星、忌、耗，不為奇特。

陀、耗、囚之星守父母之躔，決然破祖，刑傷。

兼之童格宜相，根基要察。（童格、根基，均是指未上運前而言）

紫微：肥滿。天相：精神。祿存：祿主，也應厚重。

日、月、曲、相、同、梁、機、昌：皆為美俊之姿，乃是清奇之格；上長下短，目秀眉清。

貪狼同武曲：形小，聲高而量大。

天同加陀忌：肥滿而目眇。「目眇：眼睛一隻大，一隻小。」

擎羊：身體遭傷。若遇火、鈴、巨暗：必生異痣。又值耗、殺：定主形醜貌。

若居死絕之限，童子乳哺，徒勞其力；老者亦然壽終。

此數中之綱領，乃為星緯之機關，玩味專精，以參玄妙。

限有高低，星尋喜怒；假如運限駁雜，終有沉浮。

如逢殺地，更要推詳；倘遇空亡，必須細察。

精研於此，不患不神。

◎斗數彀率

諸星吉多，逢凶也吉；諸星惡多，逢吉也凶。

星有躔度，數分定局，重在看星得垣、受制，方可論人禍福窮通。

大概以身命為禍福之柄，以根源為窮通之機。

紫微在命，輔弼同源，其貴必矣！

財印夾命，日月夾財，其富何疑？

蔭福臨，不怕凶冲；日月會，不如合照：

貪狼居子，乃為犯水桃花；天刑遇貪，必主風流刑杖。

紫微坐命庫，則曰「金輿捧櫛輦」；臨官安文曜，號為「衣錦惹天香」。太陰合文曲於妻宮，翰林清異；太陽會文昌於官祿，金殿傳臚。合祿手田財，為爛穀堆金；財蔭居遷移，為高商豪客。耗居祿位，沿途乞求；貪會旺宮，終身鼠竊。殺居絕地，生成三十二之顏回；日在旺宮，可學八百年之彭祖。巨暗同垣於身命、疾厄，羸瘦其軀；凶星交會於相貌、遷移，傷刑其面。大耗會廉貞於官祿，架杻囚徒；官符會刑殺於遷移，離鄉遠配。七殺臨於陷地，流年必見死亡；耗殺忌逢破軍；火鈴嫌逢太歲。奏書博士併官府，以長乎吉祥；力士將軍與青龍，以顯其威。

（註：「飛天三殺」：奏書、將軍、直符是也。訣載：「奏書口舌飛來侵，將軍飛入悔心驚；直符官災終不免，此是流年三殺星。」）

童子限弱，水上浮漚；老人限衰，風中燃燭，遇殺必驚。人生發達，限元最怕浮沉；一世迍邅，命限逢乎駁雜。論而至此，允矣允玄。示爾學徒，勤於參看。

（註：「十二宮太歲煞祿神」訣曰：「博士」聰明「力士」權，「青龍」喜氣「小耗」錢，「將軍」威武「奏書」福，「蜚廉」主孤「喜神」延，「病符」帶疾「耗」退祖，「伏兵」「官府」口舌纏。）

《附錄二》：

◎諸星十二宮之強弱表

廟陷＼宮	廟	旺	得地	利益	和平	不得地	陷	閑
子	機陰梁府相破祿	同巨武貪殺羊	昌曲	紫廉	紫廉	同陽巨	羊陽火鈴	紫
丑	紫府貪殺武陰相昌曲羊陀	梁破	火鈴	廉貪		同陽巨	機	
寅	廉府巨相梁殺祿火鈴	紫陰陽	機武破	同	廉貪曲	陀	昌陀	貪
卯	陽巨梁祿	紫機殺昌	府貪	曲武火	廉		陰相破羊	
辰	武府貪梁殺羊陀	陰破	紫相殺昌曲	機廉	相同巨		陰相火鈴	紫相殺
巳	同昌曲祿	紫陽巨	府相火鈴		機武破		陰廉貪陀	梁機破
午	紫破相機梁祿火鈴	武府貪巨陽殺	相		廉	陰	同昌曲羊	
未	紫府武貪殺羊陀	梁破曲	相陽	廉昌	巨	同陰巨	機	
申	相廉巨殺祿	紫同	午機陽巨府同	陰	貪陀		梁陀火鈴	貪武破
酉	巨昌曲祿	紫府機陽殺	梁火鈴	武貪	同廉陽		相破羊	梁
戌	武貪府梁殺羊陀火鈴	陰破	機廉	紫相	巨同	陽	巨昌曲	相

•星曜纏度明暗名詞解說：

廟：星曜入廟最明，得數最強，吉曜極吉，凶曜不凶。

旺：星曜旺地次明，得數次強，吉曜上吉，凶曜不凶。

得地：星曜得地光明，得數適度，吉曜吉，凶曜不凶。

利益：星曜利益尚明，得數漸弱，吉曜下吉，凶曜漸凶。

和平：星曜和平已弱，得數亦弱，吉曜力微，凶曜肆凶。

不得地：星曜不得地，星光已暗，得數最弱，吉曜無力，凶曜愈凶。

落陷：星曜落陷無光，無數可得，吉曜無用，凶曜最凶。

閑：星曜光度平平，得數平平，無吉凶論定。

《附錄三》：諸星曜分類資料彙整表

斗分	星名	陰陽五行	等級
中天	紫微	己土	甲
南斗	天機	乙木	甲
中天	太陽	丙火	甲
北斗	武曲	辛金	甲
南斗	天同	壬水	甲
北斗	廉貞	丁火	甲
南斗	天府	戊土	甲
中天	太陰	癸水	甲
北斗	貪狼	壬水 甲木	甲
北斗	巨門	癸水	甲

斗分	星名	陰陽五行	等級
北斗	陀羅	辛金	甲
南斗	火星	丙火	甲
南斗	鈴星	丁火	甲
中天	化祿	己土	甲
中天	化權	甲木	甲
中天	化科	壬水	甲
中天	化忌	壬水	甲
南斗	恩光	丙火	乙
北斗	天貴	戊土	乙
北斗	三台	戊土	乙

斗分	星名	陰陽五行	等級
南斗	天相	壬水	甲
南中	天梁	戊土	甲
南斗	七殺	庚金	甲
		丙火	
北斗	破軍	癸水	甲
北斗	左輔	戊土	甲
北斗	右弼	癸水	甲
南斗	天魁	丙火	甲
南斗	天鉞	丁火	甲
南斗	文昌	癸水	甲
北斗	文曲	戊土	甲
北斗	祿存	己土	甲
北斗	擎羊	庚金	甲

斗分	星名	陰陽五行	等級
北斗	八座	己土	乙
中天	地劫	丙火	乙
中天	地空	丙火	乙
	天刑	丙火	乙
	天姚	癸水	乙
	天馬	丙火	乙
	天官	戊土	乙
	天福	戊土	乙
	天姚	癸水	乙
	天巫		乙
	陰煞		乙
	解神		乙

星名	斗分	陰陽五行	等級
天才		乙木	乙
天壽		戊土	乙
天哭		丙木	乙
天虛		丁木	乙
龍池		壬水	乙
鳳閣		戊土	乙
孤辰		丙火	乙
寡宿		丁火	乙
紅鸞		癸水	乙
天喜		壬水	乙
蜚廉		丙火	乙
破碎		丁火	乙
台輔	中天	戊土	乙

星名	斗分	陰陽五行	等級
病符			丙
大耗			丙
伏兵			丙
官府			丙
將星			丁
攀鞍			丁
歲驛			丁
息神			戊
華蓋		甲木	丁
劫煞		丁火	戊
災煞			戊
天煞			戊
指背			戊

斗分	星名	陰陽五行	等級
中天	封誥	己土	乙
	博士	水	丙
	力士	火	丙
	青龍	水	丙
	小耗	火	丙
	將軍	木	丙
	奏書	金	丙
	飛廉	火	丙
	喜神	火	丙
	飛廉	火	丙
	大耗	火	戊
	白虎	金	戊
	吊客	火	戊

斗分	星名	陰陽五行	等級
	咸池	癸水	戊
	月煞		戊
	亡神		戊
	歲建	火	戊
	晦氣		戊
	喪門	木	戊
	貫索	水	戊
	官符	火	戊
	小耗	火	戊
	官符	水	戊
	龍德	木	丁
	天德	金	丁
	病符	木	戊

斗分	星名	陰陽五行	等級
	長生		丙
	冠帶		丙
	帝旺		丙
	病		丙
	墓		丙
	胎		丙
	天殤	丙火	丙

斗分	星名	陰陽五行	等級
	沐浴		丙
	臨官		丙
	衰		丙
	死		丙
	絕		丙
	養		丙
	天使	丁火	丙

◎姜老師著作一覽表

…命理部…

斗數新論闡微
新斗數癸花寶典：星曜易理演繹
奇門遁甲入門解析
心水數占定乾坤
斗數星曜與格局新義
斗數高手——實戰過招（大展）
婚課擇用寶鑑（大展）
突破傳統八字命學
星座生肖血型三合一論命術
一分鐘卜運成功
全方位論斗數上下冊
新斗數癸花寶典：精選古賦文闡微
掐指神算定乾坤
簡易紫微斗數精華篇
實用八字命學講義（大展）
斗數高手——星曜秘儀解碼（大展）
2小時學會易經（大展）
紫微斗數職場致勝上下冊
如何創造一個好的八字命格
斗數推命自己來

…風水部…

風水入門
現代羅經理論解析
利用易經陽宅玄機使你金榜題名
現代風水學巒頭總論上下冊

實用風水學理氣探討上下冊
實用風水學秘笈總斷
怎樣佈置風水吉祥物
圖解吉祥家相風水

……相學部……

如來佛祖的五指山——手相學
趣談面相識人生
你就是手相學大師
現代公關相人術——面相學

◎姜老師個人檔案

●經歷：

基隆救國團紫微斗數、陰陽宅講師
高雄市救國團紫微斗數、陰陽宅講師
高雄縣救國團紫微斗數、陰陽宅講師
屏東救國團紫微斗數、陰陽宅講師
高雄縣勞工學苑紫微斗數、陰陽宅講師
鳳山市市民大學紫微斗數、陰陽宅講師
鳳山市社區學苑紫微斗數、陰陽宅講師
五術業餘作家已出版著作四十餘本

●賜教處：

高雄縣鳳山市中崙二路五七四巷十二號四樓　TEL：（〇七）七五三一四六七九
大哥大：〇九二七一九三九〇五九

大展出版社有限公司
品冠文化出版社

圖書目錄

地址：台北市北投區(石牌)
致遠一路二段 12 巷 1 號
郵撥：01669551＜大展＞
19346241＜品冠＞
電話：(02) 28236031
28236033
28233123
傳真：(02) 28272069

・熱門新知・品冠編號 67

1.	圖解基因與 DNA	（精）	中原英臣主編	230 元
2.	圖解人體的神奇	（精）	米山公啟主編	230 元
3.	圖解腦與心的構造	（精）	永田和哉主編	230 元
4.	圖解科學的神奇	（精）	鳥海光弘主編	230 元
5.	圖解數學的神奇	（精）	柳 谷 晃著	250 元
6.	圖解基因操作	（精）	海老原充主編	230 元
7.	圖解後基因組	（精）	才園哲人著	230 元
8.	圖解再生醫療的構造與未來		才園哲人著	230 元
9.	圖解保護身體的免疫構造		才園哲人著	230 元
10.	90 分鐘了解尖端技術的結構		志村幸雄著	280 元

・名人選輯・品冠編號 671

1.	佛洛伊德	傅陽主編	200 元
2.	莎士比亞	傅陽主編	200 元
3.	蘇格拉底	傅陽主編	200 元
4.	盧梭	傅陽主編	200 元

・圍棋輕鬆學・品冠編號 68

1.	圍棋六日通	李曉佳編著	160 元
2.	布局的對策	吳玉林等編著	250 元
3.	定石的運用	吳玉林等編著	280 元
4.	死活的要點	吳玉林等編著	250 元

・象棋輕鬆學・品冠編號 69

1.	象棋開局精要	方長勤審校	280 元
2.	象棋中局薈萃	言穆江著	280 元

・生活廣場・品冠編號 61

1.	366 天誕生星	李芳黛譯	280 元

2.	366 天誕生花與誕生石	李芳黛譯	280 元
3.	科學命相	淺野八郎著	220 元
4.	已知的他界科學	陳蒼杰譯	220 元
5.	開拓未來的他界科學	陳蒼杰譯	220 元
6.	世紀末變態心理犯罪檔案	沈永嘉譯	240 元
7.	366 天開運年鑑	林廷宇編著	230 元
8.	色彩學與你	野村順一著	230 元
9.	科學手相	淺野八郎著	230 元
10.	你也能成為戀愛高手	柯富陽編著	220 元
11.	血型與十二星座	許淑瑛編著	230 元
12.	動物測驗—人性現形	淺野八郎著	200 元
13.	愛情、幸福完全自測	淺野八郎著	200 元
14.	輕鬆攻佔女性	趙奕世編著	230 元
15.	解讀命運密碼	郭宗德著	200 元
16.	由客家了解亞洲	高木桂藏著	220 元

・女醫師系列・品冠編號 62

1.	子宮內膜症	國府田清子著	200 元
2.	子宮肌瘤	黑島淳子著	200 元
3.	上班女性的壓力症候群	池下育子著	200 元
4.	漏尿、尿失禁	中田真木著	200 元
5.	高齡生產	大鷹美子著	200 元
6.	子宮癌	上坊敏子著	200 元
7.	避孕	早乙女智子著	200 元
8.	不孕症	中村春根著	200 元
9.	生理痛與生理不順	堀口雅子著	200 元
10.	更年期	野末悅子著	200 元

・傳統民俗療法・品冠編號 63

1.	神奇刀療法	潘文雄著	200 元
2.	神奇拍打療法	安在峰著	200 元
3.	神奇拔罐療法	安在峰著	200 元
4.	神奇艾灸療法	安在峰著	200 元
5.	神奇貼敷療法	安在峰著	200 元
6.	神奇薰洗療法	安在峰著	200 元
7.	神奇耳穴療法	安在峰著	200 元
8.	神奇指針療法	安在峰著	200 元
9.	神奇藥酒療法	安在峰著	200 元
10.	神奇藥茶療法	安在峰著	200 元
11.	神奇推拿療法	張貴荷著	200 元
12.	神奇止痛療法	漆 浩 著	200 元
13.	神奇天然藥食物療法	李琳編著	200 元

14. 神奇新穴療法　　吳德華編著　200 元
15. 神奇小針刀療法　　韋丹主編　200 元

・常見病藥膳調養叢書・品冠編號 631

1. 脂肪肝四季飲食　　蕭守貴著　200 元
2. 高血壓四季飲食　　秦玖剛著　200 元
3. 慢性腎炎四季飲食　　魏從強著　200 元
4. 高脂血症四季飲食　　薛輝著　200 元
5. 慢性胃炎四季飲食　　馬秉祥著　200 元
6. 糖尿病四季飲食　　王耀獻著　200 元
7. 癌症四季飲食　　李忠著　200 元
8. 痛風四季飲食　　魯焰主編　200 元
9. 肝炎四季飲食　　王虹等著　200 元
10. 肥胖症四季飲食　　李偉等著　200 元
11. 膽囊炎、膽石症四季飲食　　謝春娥著　200 元

・彩色圖解保健・品冠編號 64

1. 瘦身　　主婦之友社　300 元
2. 腰痛　　主婦之友社　300 元
3. 肩膀痠痛　　主婦之友社　300 元
4. 腰、膝、腳的疼痛　　主婦之友社　300 元
5. 壓力、精神疲勞　　主婦之友社　300 元
6. 眼睛疲勞、視力減退　　主婦之友社　300 元

・休閒保健叢書・品冠編號 641

1. 瘦身保健按摩術　　聞慶漢主編　200 元
2. 顏面美容保健按摩術　　聞慶漢主編　200 元
3. 足部保健按摩術　　聞慶漢主編　200 元
4. 養生保健按摩術　　聞慶漢主編　280 元

・心想事成・品冠編號 65

1. 魔法愛情點心　　結城莫拉著　120 元
2. 可愛手工飾品　　結城莫拉著　120 元
3. 可愛打扮 & 髮型　　結城莫拉著　120 元
4. 撲克牌算命　　結城莫拉著　120 元

・少年偵探・品冠編號 66

1. 怪盜二十面相　（精）　江戶川亂步著　特價 189 元
2. 少年偵探團　（精）　江戶川亂步著　特價 189 元

3. 妖怪博士 （精） 江戶川亂步著 特價 189 元
4. 大金塊 （精） 江戶川亂步著 特價 230 元
5. 青銅魔人 （精） 江戶川亂步著 特價 230 元
6. 地底魔術王 （精） 江戶川亂步著 特價 230 元
7. 透明怪人 （精） 江戶川亂步著 特價 230 元
8. 怪人四十面相 （精） 江戶川亂步著 特價 230 元
9. 宇宙怪人 （精） 江戶川亂步著 特價 230 元
10. 恐怖的鐵塔王國 （精） 江戶川亂步著 特價 230 元
11. 灰色巨人 （精） 江戶川亂步著 特價 230 元
12. 海底魔術師 （精） 江戶川亂步著 特價 230 元
13. 黃金豹 （精） 江戶川亂步著 特價 230 元
14. 魔法博士 （精） 江戶川亂步著 特價 230 元
15. 馬戲怪人 （精） 江戶川亂步著 特價 230 元
16. 魔人銅鑼 （精） 江戶川亂步著 特價 230 元
17. 魔法人偶 （精） 江戶川亂步著 特價 230 元
18. 奇面城的秘密 （精） 江戶川亂步著 特價 230 元
19. 夜光人 （精） 江戶川亂步著 特價 230 元
20. 塔上的魔術師 （精） 江戶川亂步著 特價 230 元
21. 鐵人Q （精） 江戶川亂步著 特價 230 元
22. 假面恐怖王 （精） 江戶川亂步著 特價 230 元
23. 電人M （精） 江戶川亂步著 特價 230 元
24. 二十面相的詛咒 （精） 江戶川亂步著 特價 230 元
25. 飛天二十面相 （精） 江戶川亂步著 特價 230 元
26. 黃金怪獸 （精） 江戶川亂步著 特價 230 元

・武術特輯・大展編號 10

1. 陳式太極拳入門 馮志強編著 180 元
2. 武式太極拳 郝少如編著 200 元
3. 中國跆拳道實戰 100 例 岳維傳著 220 元
4. 教門長拳 蕭京凌編著 150 元
5. 跆拳道 蕭京凌編譯 180 元
6. 正傳合氣道 程曉鈴譯 200 元
7. 實用雙節棍 吳志勇編著 200 元
8. 格鬥空手道 鄭旭旭編著 200 元
9. 實用跆拳道 陳國榮編著 200 元
10. 武術初學指南 李文英、解守德編著 250 元
11. 泰國拳 陳國榮著 180 元
12. 中國式摔跤 黃 斌編著 180 元
13. 太極劍入門 李德印編著 180 元
14. 太極拳運動 運動司編 250 元
15. 太極拳譜 清・王宗岳等著 280 元
16. 散手初學 冷 峰編著 200 元
17. 南拳 朱瑞琪編著 180 元

18.	吳式太極劍	王培生著	200 元
19.	太極拳健身與技擊	王培生著	250 元
20.	秘傳武當八卦掌	狄兆龍著	250 元
21.	太極拳論譚	沈 壽著	250 元
22.	陳式太極拳技擊法	馬 虹著	250 元
23.	二十四式/三十二式太極拳/劍	闞桂香著	180 元
24.	楊式秘傳 129 式太極長拳	張楚全著	280 元
25.	楊式太極拳架詳解	林炳堯著	280 元
26.	華佗五禽劍	劉時榮著	180 元
27.	太極拳基礎講座：基本功與簡化 24 式	李德印著	250 元
28.	武式太極拳精華	薛乃印著	200 元
29.	陳式太極拳拳理闡微	馬 虹著	350 元
30.	陳式太極拳體用全書	馬 虹著	400 元
31.	張三豐太極拳	陳占奎著	200 元
32.	中國太極推手	張 山主編	300 元
33.	48 式太極拳入門	門惠豐編著	220 元
34.	太極拳奇人奇功	嚴翰秀編著	250 元
35.	心意門秘籍	李新民編著	220 元
36.	三才門乾坤戊己功	王培生編著	220 元
37.	武式太極劍精華＋VCD	薛乃印編著	350 元
38.	楊式太極拳	傅鐘文演述	200 元
39.	陳式太極拳、劍 36 式	闞桂香編著	250 元
40.	正宗武式太極拳	薛乃印著	220 元
41.	杜元化＜太極拳正宗＞考析	王海洲等著	300 元
42.	＜珍貴版＞陳式太極拳	沈家楨著	280 元
43.	24 式太極拳＋VCD	中國國家體育總局著	350 元
44.	太極推手絕技	安在峰編著	250 元
45.	孫祿堂武學錄	孫祿堂著	300 元
46.	＜珍貴本＞陳式太極拳精選	馮志強著	280 元
47.	武當趙堡太極拳小架	鄭悟清傳授	250 元
48.	太極拳習練知識問答	邱丕相主編	220 元
49.	八法拳 八法槍	武世俊著	220 元
50.	地趟拳＋VCD	張憲政著	350 元
51.	四十八式太極拳＋DVD	楊 靜演示	400 元
52.	三十二式太極劍＋VCD	楊 靜演示	300 元
53.	隨曲就伸 中國太極拳名家對話錄	余功保著	300 元
54.	陳式太極拳五功八法十三勢	闞桂香著	200 元
55.	六合螳螂拳	劉敬儒等著	280 元
56.	古本新探華佗五禽戲	劉時榮編著	180 元
57.	陳式太極拳養生功＋VCD	陳正雷著	350 元
58.	中國循經太極拳二十四式教程	李兆生著	300 元
59.	＜珍貴本＞太極拳研究	唐豪・顧留馨著	250 元
60.	武當三豐太極拳	劉嗣傳著	300 元
61.	楊式太極拳體用圖解	崔仲三編著	400 元

62.	太極十三刀	張耀忠編著	230 元
63.	和式太極拳譜＋VCD	和有祿編著	450 元
64.	太極內功養生術	關永年著	300 元
65.	養生太極推手	黃康輝編著	280 元
66.	太極推手祕傳	安在峰編著	300 元
67.	楊少侯太極拳用架真詮	李璉編著	280 元
68.	細說陰陽相濟的太極拳	林冠澄著	350 元
69.	太極內功解祕	祝大彤編著	280 元
70.	簡易太極拳健身功	王建華著	180 元
71.	楊氏太極拳真傳	趙斌等著	380 元
72.	李子鳴傳梁式直趟八卦六十四散手掌	張全亮編著	200 元
73.	炮捶 陳式太極拳第二路	顧留馨著	330 元
74.	太極推手技擊傳真	王鳳鳴編著	300 元
75.	傳統五十八式太極劍	張楚全編著	200 元
76.	新編太極拳對練	曾乃梁編著	280 元
77.	意拳拳學	王薌齋創始	280 元
78.	心意拳練功竅要	馬琳璋著	300 元
79.	形意拳搏擊的理與法	買正虎編著	300 元
80.	拳道功法學	李玉柱編著	300 元
81.	精編陳式太極拳拳劍刀	武世俊編著	300 元
82.	現代散打	梁亞東編著	200 元
83.	形意拳械精解（上）	邸國勇編著	480 元
84.	形意拳械精解（下）	邸國勇編著	480 元
85.	楊式太極拳詮釋【理論篇】	王志遠編著	200 元
86.	楊式太極拳詮釋【練習篇】	王志遠編著	280 元
87.	中國當代太極拳精論集	余功保主編	500 元
88.	八極拳運動全書	安在峰編著	480 元
89.	陳氏太極長拳 108 式＋VCD	王振華著	350 元

・彩色圖解太極武術・大展編號 102

1.	太極功夫扇	李德印編著	220 元
2.	武當太極劍	李德印編著	220 元
3.	楊式太極劍	李德印編著	220 元
4.	楊式太極刀	王志遠著	220 元
5.	二十四式太極拳(楊式)＋VCD	李德印編著	350 元
6.	三十二式太極劍(楊式)＋VCD	李德印編著	350 元
7.	四十二式太極劍＋VCD	李德印編著	350 元
8.	四十二式太極拳＋VCD	李德印編著	350 元
9.	16 式太極拳 18 式太極劍＋VCD	崔仲三著	350 元
10.	楊氏 28 式太極拳＋VCD	趙幼斌著	350 元
11.	楊式太極拳 40 式＋VCD	宗維潔編著	350 元
12.	陳式太極拳 56 式＋VCD	黃康輝等著	350 元
13.	吳式太極拳 45 式＋VCD	宗維潔編著	350 元

14. 精簡陳式太極拳 8 式、16 式　黃康輝編著　220 元
15. 精簡吳式太極拳<36 式拳架・推手>　柳恩久主編　220 元
16. 夕陽美功夫扇　李德印著　220 元
17. 綜合 48 式太極拳＋VCD　竺玉明編著　350 元
18. 32 式太極拳（四段）　宗維潔演示　220 元
19. 楊氏 37 式太極拳＋VCD　趙幼斌著　350 元
20. 楊氏 51 式太極劍＋VCD　趙幼斌著　350 元

・國際武術競賽套路・大展編號 103

1. 長拳　李巧玲執筆　220 元
2. 劍術　程慧琨執筆　220 元
3. 刀術　劉同為執筆　220 元
4. 槍術　張躍寧執筆　220 元
5. 棍術　殷玉柱執筆　220 元

・簡化太極拳・大展編號 104

1. 陳式太極拳十三式　陳正雷編著　200 元
2. 楊式太極拳十三式　楊振鐸編著　200 元
3. 吳式太極拳十三式　李秉慈編著　200 元
4. 武式太極拳十三式　喬松茂編著　200 元
5. 孫式太極拳十三式　孫劍雲編著　200 元
6. 趙堡太極拳十三式　王海洲編著　200 元

・導引養生功・大展編號 105

1. 疏筋壯骨功＋VCD　張廣德著　350 元
2. 導引保建功＋VCD　張廣德著　350 元
3. 頤身九段錦＋VCD　張廣德著　350 元
4. 九九還童功＋VCD　張廣德著　350 元
5. 舒心平血功＋VCD　張廣德著　350 元
6. 益氣養肺功＋VCD　張廣德著　350 元
7. 養生太極扇＋VCD　張廣德著　350 元
8. 養生太極棒＋VCD　張廣德著　350 元
9. 導引養生形體詩韻＋VCD　張廣德著　350 元
10. 四十九式經絡動功＋VCD　張廣德著　350 元

・中國當代太極拳名家名著・大展編號 106

1. 李德印太極拳規範教程　李德印著　550 元
2. 王培生吳式太極拳詮真　王培生著　500 元
3. 喬松茂武式太極拳詮真　喬松茂著　450 元
4. 孫劍雲孫式太極拳詮真　孫劍雲著　350 元